U0617173

专业与美丽

丁菱娟◎著

世纪奥美公关董事长的
20年从业哲学

修订本

ZHEJIANG UNIVERSITY PRESS
浙江大学出版社

再版序　美丽人生自己闯

丁菱娟

　　连续《专业与美丽》和《做事坚定，做人柔软》两本书在大陆出版，引起不少市场反响，尤其是年轻人。我也因此比较有机会到大陆去做演讲，发现年轻人对于自己的未来十分迷惘，包括对工作、对人生都有面临抉择的疑惑，有的是毕业前要就业的问题，有的是工作压力不知如何释放，有的是人际关系的困惑，也有的是生活与工作的平衡问题，问题林林总总。我一直觉得能够用自己的经验给年轻人一些鼓励或影响，让他们少走一些冤枉路是一件重要的事。其实一年前我就立定"鼓励年轻人成长"是自己未来十年的愿景，这也鼓励我持续不断地写作，透过文章与演讲影响更多的年轻人。在出版社的邀约下，我想将听到的、看到的，多写一些文章，加入这本《专业与美丽》的修订版中。

　　我很喜欢到大陆来，因为正能量很强，感觉大家都是为了能拥有一个更好的人生而奋斗、争取机会，甚至思考创业。每个人都想改变人生,这股力量强大而有活力、坚毅而有创意。创业机会时时可见,每个人心中都有一个美丽的梦想。

人生其实是一连串的选择,没有最完美的答案,只有不断的尝试,不断的失败、挫折,你才能慢慢地接近成功一点点。在每一个抉择的关键,我们可能犹豫、可能彷徨,但横竖都得选一条路走,所以决定了就投入,全力以赴,不要回头看,不要后悔。坚持一段时间,终究会有收获,至少会有学习与成长。而这些学习与成长都将使得我们未来变成更有自信,成为更美好的自己。自此人生才能了无遗憾,因为那最美好的一仗打过了,尽力了,人生没有白活。

人生就是一场美丽的演出。我出生于一个平凡人家,但教育告诉我,只要努力就有机会出人头地。台湾二三十年前处处充满着机会和希望,于是我在当了打工仔十年后,决定在三十三岁开始创业,从一个人、一张桌子,开始了人生的冒险。没有人教我如何创业、如何经营客户、如何经营公司,但凭着一股傻劲和热情,在资源匮乏下,边学边做,慢慢地了解了自身的不足与渺小,渴望得到成长的心更为强烈。这中间我也曾迷惘过,也曾怀疑过,也遇到过许多挫折,但是正面思考的能量总是协助我渡过难关。在创业的第八年,我选择经由并购加入跨国的奥美集团,获取到奥美全球的知识能量与员工训练宝典,这时我才感受到人外有人、天外有天的广阔。

作家蒋勋曾说过,当一个人的支点越来越多,他的人生就越来越丰富。而我的支点包括家人、集团的兄弟姊妹、工作伙伴、同学、老友与同好,这都是陪伴我的重要支点,让我的生命更加丰富。

作家简媜说过,真实的人生五味杂陈,而且不排除遍体鳞伤。我非常欣赏这句话。人们总是容易看到他人光鲜亮丽的一面,但是真实的人生一定是起起伏伏,酸甜苦辣都有。我的人生走到这里,受伤的都已经结痂脱落,快乐的永留心底。

序一　我所认识的丁菱娟

宋秩铭/奥美集团大中华区董事长

近几年来由于工作关系,我谈了一些并购案,也可能是我们这个行业的特色,碰到许多女性领导人,后来她们有的成为奥美的合作伙伴。在今天这样的时代,女性领导人表现出的豪爽侠义、干脆利落,有时甚至是不少男性领导人缺少的,丁菱娟是其中之一。

不知是否因为女性的特性——细腻敏感,所以才能够在以人为导向的产业中做到细致入微。丁菱娟在台湾的科技公司做了十年打工族,然后在刚生完第一个小孩后,自行创业,从一个人的工作室做起。在台湾,大部分女性在当了母亲后会想到回归家庭,照顾小孩,而她却辞掉高薪工作投入到风险极大的创业行列,当然同时还兼顾家庭责任,相当不易。

丁菱娟是个不错的管理者,她从科技公关出发,发展到如今成为台湾全品牌公关公司的领导者。她曾于2003年至2006年在大陆设立北京和上海分公司,引领台湾客户进入大陆市场,而后与

"中国奥美公关"合并。也是基于丁菱娟女士所领导的公司符合奥美一贯的价值观，所以很快便融入奥美大家庭，得到大家的认可，这是比较可贵的。她的公司加入奥美十年来，在台湾所有子公司中一直保持获利率最高的纪录。这与她专注、开放的心态有关。

这本书记录了丁菱娟创业以来所经历的点点滴滴与工作观点，也有她自己的自省。由她本人说来真实动人，这些文章与观点于新入职场的工作者或已经成为管理者的读者可能会有很重要的提醒。听说台湾很多客户将她这本书作为团队开会与读书会讨论的参考书，每次讨论一个议题，可见这本书的影响力。

在两岸持续开放与沟通的进程中，我乐见更多的文化交流。好的书、好的人透过好的出版社让更多人看见、分享，进而产生好的互动，是一件愉悦的事。

序二 不一样的老板

白崇亮/台湾奥美集团董事长

这本《专业与美丽》,本身就有着一位不大一样的作者。

这位作者的职涯从为人部属开始,不久就自己做了老板。神奇的是,她在事业成功有成之后,竟又为自己选择了老板;其结果是事业更加成功,而她也成为更加出色的老板。

做部属时,她忠心负责、专业称职。做了老板,她肩挑一切,还能细致关怀、用心成长。这样的人不经常在我们周围出现,却总是在时候到了的那一刻,自然显出成功之后的成熟光彩。

我认识丁董事长,是在她做老板还略为生涩的时期,深知她如何奋力学习扮演好老板的角色。这几年在奥美集团,我必须做这匹千里马的老板,再次看见她在掌握平衡角色和协助集团伙伴上的尽心尽力。我相信,是一种不断学习与成长的动力,造就了她与众不同的精彩人生。

这几年,丁董事长又成为专栏作家,定期在《经济日报》和《动脑月刊》发表专文。在她笔下畅谈职场生涯,阐述企业百态。其中最触及人心的,仍是在她工作中各个面向上包括了老板与部属、公司与客户、个人与团队,甚或企业与社会的"关系之道"。她站在老板的高度上,提醒读者如何权衡情理法,怎样定位自己和别人,在追绩效的同时保有尊严和快乐,更有着在平凡中透露出不平凡的种种处世之道。

在这些读来娓娓动人的故事里,涵盖了一个企业有情、生意有义、工作有趣、人生有味的世界。这世界绝非虚构,而是她一步一个脚印亲身经营完成的。我们所处的世界,早已走到一个生活与工作不分,必须深刻探究工作背后意义及真正平衡工作与生活的时代。《专业与美丽》可以教给我们的,绝不止于职场成功的秘笈,更是面对工作、面对自己,和面对生活的内在态度,这是要有丰富人生经验才能体会的一种智慧。

我相信有许多读者将因本书而改变自己。有句话说得好:"思路决定出路,态度决定高度,格局决定结局。"盼望你因这本书而开始修正你的思路、态度与格局。

序三　一本有实践经验的教战手册

施振荣/宏碁集团创办人,智融集团董事长

丁菱娟二十多年前在宏碁科技工作,那时候她刚出社会没多久,对很多事物充满了好奇。她在公司内部转换了几个跟企划相关的工作,离开宏碁前最后一个工作是担任"企业沟通"(corporate communication)的职务。相信这个工作至今仍是她的最爱。

当年宏碁算是少数几家设有"企业沟通"这个职务功能的公司,其他大多是跨国企业。虽然一般人都将"企业沟通"这个工作俗称为"公关",不过由于早年外界都将"公关"工作视为是靠喝酒来建立关系,因此我要特别强调,宏碁公司早年所重视的企业沟通工作与一般所认知的公关工作内涵有很大的差异!我认为,"企业沟通"这个工作是企业对外或对内沟通非常重要的推手,也是企业与各个利害关系人之间的桥梁,例如:投资人关系、政府关系、社区关系等。宏碁在推动国际化与自有品牌发展过程中,"企业沟通"也扮演了灵魂的角色,帮助宏碁把品牌与企业文化、观念推广至全球。

如今,"公关"的意涵已与早年不同,近年企业对公关的需求日益增加,几乎成为中型以上企业必备的功能,也成了现代年轻人喜爱的工作之一。欣见丁菱娟在这几年的历练,从自行创业到加入奥美集团,如今更已成为台湾公关界知名的领导人之一,一路走来不仅积累了丰富的人生经验,更在公关领域展现其专业表现。

本书是她在这二十多年来在工作与经营管理上的一些省思与看法,她将七十个职场观察分成专业篇、态度篇、管理篇、反思篇以及说话篇五大类别,对职场工作者而言,可说是一本有实战经验的教战手册。

丁菱娟待过企业、当过客户,也自行创业经营公关公司,拥有为客户服务与被服务的经验,这让她可以点出身为客户与顾问的不同角色与特质,有助于年轻人选择职业的思考。尤其以她跟这么多跨国企业合作的经验,以及公关产业多元化、具创意的特质,她对于管理与人性更有深刻经验与体会。再者,她是创业者,又经并购成为外商专业经理人,这两者角色的转换她都游刃有余,这也使她的历练更上一层楼,对于职场观察亦有其独到的见解。

她书中畅谈职场上的一些经历与故事,对很多在职场上工作的年轻人来说,应该也有似曾相识的经历;她的一些经验与建议,值得年轻朋友参考,如能进一步细细体会,相信对于年轻朋友的职场生涯发展一定有所助益!

自序　工作不只是工作

丁菱娟

　　年轻的时候,与三位好友在一个月色很美的夜晚看星星。有人一时兴起,提议要每个人用四个字来许一个愿望,对自己的未来做概括性的描述。于是甲说:"轰轰烈烈",乙曰:"平平顺顺",丙则说:"自由自在",最后轮到我,我说:"多彩多姿"。三十年后我们各自回顾自己的人生,我觉得我真的是做到了多彩多姿,此生无憾。

　　我的人生启蒙于十七岁,那年我写了一首歌词《给你,呆呆!》,参加了金韵奖的比赛,没想到被录取后收录在唱片中,从此开启了我丰富的大学生活,我参与了当年最灿烂的民歌年代。年轻的时候做了很多事情,卖唱片、民歌餐厅演唱、电影配音、写剧本,懵懵懂懂地凭着打不退的热情去参与、去投入。当时完全不知道这些对后来人生的启发是多么重要。现在回想,庆幸当时的勇敢与热情,虽然不完美,但是至少多彩多姿地活过。

　　离开了校园生活,我进入社会,宏基电脑是我第一份工作。在宏基七年,目睹了台湾科技业的蓬勃兴起,也因缘际会地接触了公关的工作。虽然这在当时,是刚兴起的学科,没有多少人了解,但却因此启发我的兴趣,奠定了我未来职业生涯的有利基础。

我三十岁以后,结了婚生了小孩,觉醒不能再忽悠过日子,于是每年都给自己设立目标,虽然俗气,但也真的认真按照自己的计划前进着。三十岁结婚,三十一岁生小孩,三十二岁出国念 MBA,三十三岁创业,直到四十岁把公司卖了部分股权给跨国传播集团——奥美集团,又担任奥美公关事业群的 CEO,从本土创业者到跨国集团的专业经理人,最后,再回锅当董事长。这虽并不在人生的规划中,但我从压力中让自己学习接受挑战、面对挫折,从此喜欢上学习所带来的动力与成长的回报。

创业可说是我人生最重要的决定之一,也是我人生的转折点。让我从一个懵懵懂懂、不切实际、只会做梦的小女孩,蜕变成一个脚踏实地、凡事自我做主的新女性。从此,展开了不一样的人生。创业的辛酸虽然也可以洋洋洒洒写一堆,但是过程还是快乐比伤心多,成长比挫折多,收获比付出多。这些经过,让我拥有了更坚强、更成熟的人生态度。

因为工作,我旅行过很多国家,开拓前所未有的视野,了解到自己的渺小。也因为工作,我遇到过许多精彩的人,包括同事、客户、伙伴、同行、媒体,他们丰富了我的生命。还是因为工作,我得到实际财务的回馈,它让我获得生活上更多的自由,以及照顾更多人的能力。这一切的一切,都是这份工作带给我的满足与自我实现。工作不只是工作而已,当我用积极、认真的态度去看待这份工作时,它是收入的来源、知识的累积、视野的拓展、人脉的联系、成长的动力、快乐的所在,还有自我实现的满足。

最近几年,我工作比较游刃有余,我人生也渐渐沉淀,开始拾起年轻时的兴趣。歌唱、新诗、书法、绘画、钢琴、瑜伽成为我每年新学习的一样才艺。我的论调是,一年增加一项新才艺,十年后就会多才多艺。因此,书中所有的油画作品,皆是我工作之余所完成,有创作、有临摹。两年多的习作下来,我逐渐了解身心平衡的重要,以及"懂得休息才懂得工作"的道理。

我从工作中获得许多,也希望职场的工作男女能够跟我一样,从工作中赚取你想要的人生。于是,当《经济日报》(台湾)邀请我将写了两年多的《人兼道》专栏集结成书,我欣然答应。我专栏中所谈的大多是职场上曾经碰到过的一些案例,这些都是我成长的痕迹,还有自省的思考。有许多是职场做人处事之道,包括积累专业,让自己的价值加分;在态度上洞察处境、不卑不亢;在说话的艺术上,如何说话到位,减少冲突;在管理与格局上,开放心胸,用高度看事情,许多事将迎刃而解;在思考上,随境转念,可以否极泰来。

希望这些真实的历练与故事,带给有缘人启发,成为职场上老板喜欢、主管依赖、同事称羡、自己满意的快乐工作人。

工作真的不只是工作而已,它还包含很多……

开篇絮语　专业与美丽

> 消费者通常愿意购买的东西只有两种：
> 一种是问题的解决，另一种就是愉悦的感觉。
> 前者是"专业"，后者是"美丽"。

专业，是工作的基本竞争力，任何一个人想要在职场上有所定位，"专业"是最重要的条件之一。但是光有专业却不一定可以在职场上头角峥嵘，还要有"美丽"的态度，才能有更上一层楼的机会。尤其在我们顾问服务业里更是明显。

公司有两位主管，专业都相当强，A君总是对自己在专业上的判断和建议非常地自豪，也的确有许多案子都因为他的策略而让客户像吃了一颗定心丸而买单，因此有很多客户都折服于他的专业见解而佩服不已。这些成功的经验让我们这位主管愈来愈有自信，无形中"专业"变成他的招牌，无时无刻不想用专业将客户征服，拜倒在他的专业风采下。但是久了以后，他过度自信的姿态就让一些客户开始不舒服,结果有一位客户用一次比一次更艰难的问题来测试他,让他和他的团队应接不暇,压力大得不行。直到我找这位客户聊到为何要如此对待他时,客户说既然这位主管觉得自己专业厉害,无所不能,那么就让他好好发挥吧。原来我们这位客户的专业也不差,A君太想用专业让客户信服,却不懂得让客户有当"客户"的感觉。

另外一位主管B君,专业不错却没有前一位主管的强势。她个性乐观,笑脸迎人,愿意倾听,总是愿意用有弹性的调整方案去符合客户的需求,客户不仅喜欢与她共事而且愿意采纳她的意见。最神奇的是有一次她犯了一点疏忽,客户不但主动帮她处理,还在长官面前掩护她,使得团队减少了一次危机。客户事后表示,和B君合作是一件愉快的事,他不想失去这样的伙伴,况且他知道B君是无心的。

这位B君天生是好奇宝宝,也比较具有阿甘精神,只要有客户打电话来询问,不论案子好不好,她都愿意跟对方见一见,聊一聊,她总是说买卖不成仁义在。而A君就必须确认对方购买诚意到80%以上,才愿意洽谈,结果反而B君的案子源源不绝。有时虽然当时与客户没达成合作,但留下好印象,有机会时客户就会想到B君。

消费者通常愿意购买的东西只有两种,一种是问题的解决,另一种就是愉悦的感觉。前者是"专业",后者是"美丽"。A君显然只专注做到第一点,却忘了第二点。问题的解决是理性面、功能性的,愉悦的感觉却是感性面、温暖感的,两者要相辅相成才能点石成金。尤其是像我们沟通传播产业,其实就是人的产业,只要牵涉人性,一定不能忘记感性的价值。因此从事服务业必须"专业"与"美丽"兼具才能无往不利。"专业"是能力问题,"美丽"是态度问题。最终所有的商业行为是理性与感性兼具,才能掳获人心。期许我们都做个专业而美丽的职场工作者。

目　录

Chapter 1 | 公关业内事

Chapter 2 | 态度是一种美

Chapter 3 | 做老板的智慧

Chapter 4 | 回首来时路

Chapter
① 公关业内事

如果有一种能力让你可以立足社会、养活自己、且受人尊敬，那就是专业。专业使人有自信、有光彩、有观点。

没预算也可以做公关

> 公关是一种小兵立大功的工作，只要有
> 好的耳鼻、策略和创意，便能吸引媒体的
> 注意。

　　真的只有大品牌、大企业才能做公关吗？倘若中小企业没预算、没资源，要如何替自家品牌做公关呢？这是我在很多演讲场合碰到的问题。其实单就预算而言，公关是一种"小兵立大功"的工作，所需的预算并不多，只要有好的耳鼻、策略和创意，便能吸引媒体的注意，博得很好的报道。

　　所谓耳鼻就是能耳听八方，知道外界情势，嗅出市场的趋势以及议题的走势。策略就是知道为何要如此做，以及到达目标的方式。创意就是议题的火花，能吸引媒体的注意。具备了这些能力便能让品牌和产品有免费宣传的机会。

譬如台湾有一家新开幕的小型理发店,在开幕期间推出"一元理发"的活动,结果该社区民众大排长龙,还一度引起人行道阻碍通行的热络场面,引来媒体关注,做了开幕的免费报导,知名度大增。另外还有一家小餐馆在门口贴了征人广告,广告上写的是"征霍元甲",而且年薪百万,同样引来媒体的好奇与关注。原来老板要的是功夫一流的炒饭师傅,就像霍元甲的绝招迷踪拳,就此也成功地为自家餐馆做了免费广告。

这些创意和点子都是中小企业可以运用的议题操作,只要了解媒体的口味,出其不意,必能引起共鸣。但是要能够持续维持热度,才是真正的挑战。平常要多关注议题,了解媒体需求,时常更新媒体名单,与媒体互动,主动抛出议题,才有机会建立品牌形象。尤其现在互联网时代的自媒体兴起,对中小企业而言,更是有了如虎添翼的武器,只要能够有效地运用话题与画面,都是宣传的好管道。

前一阵子有一位在台湾工作的白人女性用跳舞的方式,以自制的影片向老板呛声说"我不干了",短短五天藉由社群媒体的推波助澜,竟有八百万人点阅,这也引起了中外媒体的聚焦,纷纷报导,堪称史上最有力的辞职影片。这个案例告诉我们,纵使只是一个素人,只要具有创意,也能够引起上千万元的广告效益。

所以中小企业千万不要自叹不如,更不要放弃,现在正是发挥创意、吸引目光的最佳时代。全民皆媒体的世代已经来临,需要的只是创意和勇气。

"服务"与"顾问"的差别

> 光告诉客户真相还不够，客户更想要听
> 你的建议。你不能只告诉他什么是不好，还
> 要让他知道可以有什么选择。

在公关公司里，我们每天面临的工作就是"客户服务"，换句话说就是常追着客户需要的进度跑。客户要什么，我们就去找什么资源给他，尽量地满足客户的需求。但是却鲜少有专案人员去问客户，这真的是你需要的吗？

在有限的时间与资源内，你应该选择哪个才是最重要的，或者是勇敢地告诉客户"真相"——这个方向做下去，不会有他所期待的结果，应该寻求另一个解决方案了。这就是一家以"客户服务"为主的代理商和客户信任的"公关顾问"最大的差别。

但是，光告诉客户真相还不够，客户更想要听你的建议。你不

能只告诉他什么不好,还要让他知道还有什么选择。最重要的是我们不能为客户做决定,我们要帮他分析各个选择的优缺点、风险与预算分析,然后帮助客户自己作决定。这就是公关顾问真正的角色与价值。

非常多年前,有个大企业客户委托一个旗舰店开幕的案子。他们特别选了黄道吉日在闹市区中开幕,向我们提出的要求是:指定的重要电视台都"一定"要到。而公司的一位总监一直告诉客户说:没有办法"保证",因为电视台不是我们开的、因为这个新闻没有"大"到这个地步、因为当天可能有其他重大的新闻会抢掉我们的新闻,等等。

这些"不可能"惹恼了客户。客户告诉我们:难道我会不知道这件事情很困难吗?否则干嘛找你们呢?不要只告诉我"不可能",请告诉我如何可以把它变成"可能"?譬如告诉我,你们公司有什么资源?你们想怎么做?缺什么资源?或许我们企业可以帮得上忙。

这些话如"当头棒喝"般点醒我:原来客户也是可以帮我们的。我们常常不敢在客户面前显露我们的"不足",因此用自以为的"专业"来说服客户这不可行,却忘了真正的"伙伴关系"也包括面对我们的不足,然后大家一起解决问题。

几个月前又遇到类似的案例:一位长期与我们合作的客户希望可以邀请政府层级非常高的官员到场致词。我们团队的压力非常大,也试图委婉地告诉他不太可能,同样也恼怒了客户。我在最后参加了客户"抱怨"会议，听完抱怨后，我建议是否可以请他总部的大老板写一封正式邀请函给我们政府单位，然后重点怎么写、议题怎么串等，或许事情可能有希望。这位客户听了非常高兴地说："这就是我想要的！"

这个经验又再一次证明，客户要的是我们的态度与建议，而不是拼命地用"专业"告诉他什么"不可行"。我同样没有"保证"任何事，但客户买单了。

原来我们经常被客户的严苛"要求"吓到了，以致于压力盖过了我们的思考与创意。下一次，问问客户：你有什么资源可以帮助我们一起达成目标？

危机处理的黄金二十四小时

> 媒体对危机新闻的处理在刚开始时通常是非常快速且片段的，一直到第二天以后才会有比较完整的报导。因此如何在二十四小时之内拟定策略，快快响应，就非常重要。企业平时在危机管理上应该确保有备无患。

我们经常在电视机前面看到这样的情景，明明是一家很有规模的企业，为什么在危机发生的时候发言人总是讲不清楚、避重就轻、讯息零乱，也没有勇气承担责任，一直要到事情越闹越大才鞠躬道歉。很多企业平时不烧香，临时抱佛腿，平常没有建立危机管理的机制，一旦发生危机，就措手不及。另外，危机发生时的黄金二十四小时之内是最关键的沟通时刻，企业在重大的压力与质疑之下要能一次说清楚，也是不容易的事情。所以，危机处理绝对不能等到危机发生才来处理。

　　平时，企业在危机管理上应该做好有备无患的系统。譬如依照讯息层次规划不同领域的发言人，给予适度的训练或演练，并且要不定期地召开公关会议，与公关人员检视公关目标、媒体策略，确定公司主要讯息（key message）。如此在危机发生时，才能立即召开危机小组会议，第一时间回应媒体。危机发生时，一个完整而专业的团队支持是非常重要的。这些团队除了公关人员及公司的高阶主管之外，视不同的议题可以包括律师、会计师或各类专家。

　　在我的从业经历中，曾经参与过一次跨国性的网路标错价的案例。由于总公司在国外，等到档案信件往返、翻译以及最终决定，早已经超过了二十四小时。而若黄金二十四小时之间无人发言，媒体及消费者会觉得该公司无诚意处理问题，数落与批评之声四起，以致于危机越扩越大。由于当地的总经理并没有被总公司授权，更造成他自己个人声誉及该公司品牌的伤害，最后要花数倍的力气和努力才能渐渐和缓危机。危机发生时绝对需要危机处理小组非常机动的应变，团队得到充分授权十分重要，如此才能做出快速、正确的响应，化解危机。总公司若不信任当地团队或是不立即派专业人员飞到当地，那再好的危机处理机制也是白费。

　　媒体对危机新闻的处理在刚开始时通常是非常快速且片段的，一直到第二天以后才会有比较完整的报导。因此如何在二十四小时之内拟定策略，快快响应，就非常重要。因此危机发生的时候要先定义"危机关键问题"，这些关键问题包括"这是一项什么问题？为什么发生？有什么影响？我们的基本态度是什么？将来预备做什么?"。厘清这些问题,有助于企业对外发言。

企业在危机时是最能聚焦媒体及大众注意的,其反应也最容易受到注目。因此发言人的心理素质和 EQ 也要相当高,才能在极大的压力下不被激怒而适当地发言。更重要的是,平常的演练及团队的应变和配合,这是稳定发言人发言的后盾。

企业发言人要得到授权

> 我通常建议企业最高负责人应该是有一层缓冲保护的,不要事事都亲自面对媒体。如果能透过缓冲层来争取一些时间思考或征求专家的意见后再发言,可以减少讯息被误解的可能。

公关之于企业的重要性,近年来随着网络及社交媒体的兴起而逐渐凸显。企业的讯息时常经由不同的管道流窜出去,有的未经证实,有的与事实相距甚远,小则影响股价,大则影响公司信誉,造成企业很大的困扰。因此,企业设立公关部门来统筹对外讯息的发布,已经成为一种必要的配置。

在这趋势下,企业发言人的角色就相当重要了。但是,企业发言人到底是由公司最高主管还是由企业的公关人员担任好呢? 通常这个问题与公司的规模有关。大部分中小企业由于组织架构不复杂、信息容易集中，大多没有专职人员负责公关与发言，或是在必要时候由公司总经理或负责人出来发言。至于大型企业，由于组织繁复、产品线多又有上市等情况，大多不但有正式发言人，依照功能还可以再分为代理发言人或是不同产品线的发言人。

这种庞大系统的组织，我通常建议企业最高负责人应该是有一层缓冲(buffer)保护，不要事事都亲自面对媒体，如果能透过缓冲层来争取一些时间思考或征求专家的意见后再发言，可以减少讯息被误解的可能。

虽然媒体比较喜欢接触企业主，但还是应该要分讯息的层次而设置不同的发言人。譬如说市场营销或是产品特色、规格、售后服务等问题，应该由营销副总或各产品线的营销经理发言较为妥当。若是谈到企业理念、并购策略、发展策略或公共事务等较敏感的议题，就可以由企业指派的正式发言人或总经理/董事长来负责。至于上市公司有关法人、分析师或媒体等讯息，可以由财务副总或企业发言人负责，但是由公关人员负责接洽窗口。

企业主若是指派了发言人就要给他充分的授权，并给予适当的训练。最重要的是，领导人与发言人之间要建立信任基础，否则发言人如履薄冰，深怕讲错话或被媒体放大解释后，隔天遭到总部或老板的警告。所以公司的高阶人员接受媒体训练是一个必要的步骤，如此大家对外讯息才能有准则与共识，让发言人能为公司说明情况或解释问题，为企业加分。

好的发言人的确可以聚焦。阿里巴巴创办人马云在退休告别演说中豪气地喊出，"相信年轻人，就是相信未来"，又说"48岁之前，工作是我的生活。明天开始，生活是我的工作"。这样的发言人懂得抓住镁光灯，口号又能将自己的企业与希望连结，堪称发言人典范。

没错，但有责任

企业危机，不管对错，愿负责任的态度，
这才是消费者期望看到的。

　　我处理过很多企业危机案例，发现很多企业发生危机时，无论
有没有错，一开始都先撇清责任，申诉自己的委屈，以至于沟通的
语言不被大众接受，反而形成另一项更严重的危机。企业总以为
自己没有错，所以没有责任。于是就错失在第一时间以消费者的
角度来沟通、厘清，反而一再辩解错不在自己，不明白媒体为何要
穷追猛打。但是往往消费大众并不是这样认为，他们认为企业有
责任解除大众的疑虑。像食品安全、网路标错价事件，还有之前农
夫山泉的标准门事件，都是典型的案例。

　　很多出事企业都说自己也是受害者，错不在自己。譬如因为
上游厂商的原料不实，使食品受到污染。但是往往消费者的逻辑

是这样的，即使错不在企业，但是企业赚大众的钱啊，所以企业有责任把关。消费者不会管企业是不是受害者，也不会管企业损失有多大，他关心的是对自己有什么影响？企业要如何解决？以前有企业的产品被下毒了，他也是受害者，但产品还是要尽快下架，给消费者一个交代。网路标错价了，企业也是受害者，但是他可以宣称因为标错了所以不认账吗？当富士康有人跳楼的时候，苹果的股价怎么会大跌，媒体干嘛去访问苹果求个解答，这关苹果什么事？原因就是苹果有责任寻找负责任、有爱心的厂商，消费者不希望自己买的商品有"血汗工厂"的疑虑，所以不只郭台铭要出面说明，苹果也要出面说明。

把话说清楚有这么难吗？为什么有时企业越辩越心虚，消费者却越听越糊涂。那是因为企业总是选择对自己有利的说辞，没有考虑消费者的感受。有时企业以傲慢的态度来为自己辩解，更是引起消费者的反感。

不论企业有没有错，只要事件与你相关，你都有责任厘清消费者的疑虑，或更进一步做对消费者有利的事。有时危机一发生，你的态度是大众要不要原谅你的关键，也是可不可以由危转机的关键。像农夫山泉的标准门事件，公司一开始就定位这是媒体污蔑以及竞争者的恶意攻击，就是十分不明智的做法。因为消费者不会关心你与竞争者的战争，他们只关心你的水可不可以喝。所以农夫山泉不会得到消费者的同情或支持，反而让自己陷入了更耗资源的战争。其实农夫山泉只要表现出负责任的态度，主动向有关单位提出产品化验,找政府单位或有影响力的医师、检验单位背书,厘清问题即可。然后再趁势成立个关心饮用水问题的基金会或举办几场公益活动,既可拉高层次,免去与媒体和稀泥,又可展现对消费者的关心,成功从危转机。可惜该企业一开始便找错了焦点,错失了良机。

　　企业危机,不管对错,愿负责任的态度,才是消费者期望看到的。

发言人的修为

> 最好把我们的讯息分成三个层次：第一
> 个层次是一定要传达的，第二层次是绝对不
> 能说的，第三层次是被问到才说的。

成为发言人的第一基本准则，就是诚实、不说谎。但大家都知道，很多时候企业主和当事人都有难言之隐，并不是什么事都能说的。有些话说出来不仅于事无补，而且危害公司组织或投资人的利益。这是身为发言人必然会遇到的两难。

我曾到台湾政治大学去听胡自强市长的演讲，讲题是"发言人的修为"。提到发言人的难处，不能说的有三种状况：时机未到的不能说，未定案的不能说，不知道的不能说。这实在是道出了发言人应有的修为。

时机未到的，先说了就可能破局，例如企业的并购案；未定案

的,说了就会"见光死",例如政府的人事案;不知道的,瞎说了就会将信誉毁于一旦。但问题是,记者猜到了怎么办?基于诚信原则不能否认,但是基于"三不原则"也不能承认,如何是好?不承认也不否认,可能也是一种答案。微笑或许是默认、或许是不予置评,总之可以由记者自己去解读。但作为发言人,还是要维护发言人的基本守则。

另外,胡市长也提到对待记者的"三不定律"——不欺骗、不利用、不误导。的确,记者网民多,信息来源丰富,欺骗或误导记者是很容易被揭穿的。有些人自以为聪明,利用记者传递假消息或放话,以达成自己的私利。但这些错一旦犯过一次被拆穿,你与记者之间的信任立即瓦解。

我自己在给企业界上发言人的课程时也常提到,在不能说的状态下,最好把我们的讯息分成三个层次:第一个层次是一定要传达的,第二层次是绝对不能说的,第三层次是被问到才说的。例如,以上市公司最敏感的人事变化而言,公司人事为何变化?变了什么?以及未来的因应策略是什么?这些就是主要讯息,也是所谓一定要传达的部分;而绝对不能说的,可能是公司内部的纷争所导致的人事变化;被问到才说的,可能像是某高阶主管离职后去了哪里——这已超出公司发言人为该组织答辩的范围了,就让记者自己去查证即可。

当然,不能说的有可能是真相,但若是家丑,没有人愿意外扬。发言人并不是记者想知道什么就说什么,而是站在企业的立场,传

达该传达的讯息。毕竟,挖新闻与查证新闻是记者的天职,这攻防
之间还是有道德和信任可依据的。

有观点就有价值

> 做客户服务,我们宁愿说出客户可能不赞同的观点,也不能没观点。因为不同的观点代表从不同的角度思考,可以提供客户多元的参考,以评估得失及风险并做出正确的决定。

作为公关代理商,也是沟通顾问的一类,在与客户对话的时候,有没有"观点"是非常重要的。它关乎客户如何看待这家公司的"价值",也是客户决定该付多少价钱给这家代理商的重要指标。它也代表着这家代理商的人才质量、对产业的洞察程度以及涉猎的广度。

我们常听到客户说:"我希望你们当我的头脑,而不是手脚。"而代理商也的确希望如此。这中间最大的关键就是,有没有"观点"。员工经常问我,观点是可以培养的吗？答案是可以的。在这行业具有观点的人,通常有几个特色:具备知识的、经验的、自信的、逻辑的、观察力强的。若要培养自己成为有观点的人就先从这几项能力着手。譬如群书广读、多元涉猎、敏锐观察、多写文章或演讲,说出观点时要思考支持的论点来加强说服力,大概可以八九不离十。

很多年轻人碍于客户或主管的威严,不敢大声说出自己的观点;或是觉得自己年资尚浅,担心说出的观点会贻笑大方,因此错失了表达自己想法的最佳时机,实在可惜。其实笼统地说,观点就是一种想法,只不过是要讲得有道理让人觉得信服。譬如说"抽烟"这个议题,反对抽烟的人如果只说"我讨厌烟味"所以反对,则无法成为观点。但是如果把二手烟对人体的伤害程度或数据说出来,以支持你反对抽烟的论证,那就是观点了。同样的,赞成的人若想吞云吐雾,也可以站在尊重他人权利的立场,提出为什么赞成的论调,形成观点。所以,观点必须要有支持的论证来辅佐且言之有物,才能说服人。

做客户服务,我们宁愿说出客户可能不赞同的观点,也不能没观点。因为不同的观点代表从不同的角度思考,可以提供客户多元的参考,以评估得失及风险并做出正确的决定。有一回,客户在开会完毕跟我的团队说:"虽然我刚才没有采用你的建议,但是你们的观点提供了我另类的思考,或许下回我们可以试试这个点子。"并接着说:"我希望你们的团队持续提供给我不同的想法和观点,我需要这样的伙伴给我不同的刺激。"

这个案例告诉我们,做个听话的代理商虽然是安全的,但不会受到尊重。勇敢说出自己的观点才是顾问的价值。

营销人的门里门外

> 客户方和公关代理商的营销人员，所需具备的本领其实是不一样的。前者是产业深度的磨练，后者是营销广度的发展。前者的绩效来自于老板的满意度，后者来自于客户的满意度。

工作久了，你不得不承认，有些人就是适合某些角色。经常，我们在面试的时候常喜欢下一个结论：某某人是属于企业方的人，不适合做代理商；或是某某人是属于我们代理商的人，天生流着代理商的血液。这是什么意思呢？

案例有许多。有一些客户方的人，跳槽到代理商工作，没多久就因水土不服而"阵亡"；也有一些留了下来，从此再也不想回客户方。相反的，也有一些代理商的人跳槽去做客户，做得有声有色令人刮目相看;也有一些最终又回到代理商,就是这个道理。

很多年轻人到代理商工作了一段时间之后,就开始羡慕待在客户方的人。还有一种年轻人是来代理商"过水"兼学工夫的,其实最终的目的还是想去当客户。他们心想,问问题总比想答案容易,觉得当客户真是威风极了,也轻松多了:只要手上握有预算,加上一点营销历练,就可以出出嘴巴命令代理商交出好的构想,然后再提出批判,修改之后往上交差,迎合老板的喜好即可。但是,有这样想法的人通常也做不好客户。因为他没有看到身为客户应该对产业下的工夫、承担的营销风险与责任,以及对伙伴应有的相处之道。

在客户方的营销人员,必须要熟稔办公室政治文化,甚于做事本身。她/他通常要对公司的产品、文化、愿景、CEO理念及各部门的功能运作了如指掌,尤其要能与业务部门配合,提出有效的营销策略配合,并将各部门主管们的需求结合公司的理念、预算作全面的规划,透过有条理与有系统的简报让代理商了解,让代理商协助作出正确又精准的计划与创意。另外她/他必须具备沟通协调的能力,人际关系良好方能做好称职的工作。

反之,在代理商工作的人,必须喜欢有效率地做事。眼观四路、耳听八方,同时进行多个项目而不慌乱;涉猎多方知识,具备好奇心、勇敢、热情、合作、弹性的工作特质。他必须求知若渴,不怕挫折,勇于尝试冒险,喜爱挑战与解决问题。因此她/他必须具备精准的策略规划、文字掌控、服务热忱及优质的提案能力,加上有效的时间管理能力,方能脱颖而出。

这两种人所需具备的本领,其实是不一样的。前者是产业深度的磨练,后者是营销广度的发展。前者是要具备专精一件事的能力,而后者是要具备同时处理多件事的能力。前者工作时间多花在开会、沟通协调、人际关系的链接,后者多花在策略、创意的实践。前者对时间的紧迫性没有那么大压力,后者却要分秒必争、效率挂帅。前者的绩效来自于老板的满意度,后者来自于客户的满意度。

能够体会到这些,大概也要"见山又是山,见水又是水"的阶段了。所以当你要跳槽时,请先问一下自己:你是流着代理商血液的人,还是喜欢做客户的人?

在乎客户所在乎的

> 原来客户不会在意你所在乎的,直到你
> 在乎他所在意的,这才是客户服务的关键!

大家都喜欢讲成功的经验,但有些失败的故事更能启发人性。

在公关业,我们经常会受邀演讲。多年前公司离职的一位主管曾受邀到某个社团讲"危机管理"。讲这类的题目最精彩的是案例,然而最危险的也是案例。因为很少有公司愿意把自己危机处理的案例分享出来;但是不说自己参与过的案例,又缺乏说服力与精彩度。因此讲这个题目要非常小心并且有技巧,除非得到客户的同意,否则不能把客户名称公布,也不能"技术性犯规"似地让听众很容易猜出是哪家公司,这算是一种职业道德吧。但是当时这位主管不但犯了这个致命的错误,还把当时客户处理危机的方法批评了一番。当时恰好有位学员与客户是好朋友,这件事自然就传到了客户的耳朵里。

当时客户知道后非常的震怒，要求我与那位主管说明白。当我找这位主管沟通时，没想到这位主管竟然认为他没有错，他觉得客户这件危机本来就处理得不好，根本就是错误的示范。我错愕得说不出话来，身为客户的形象保护者，我们维护客户的品牌都来不及，怎么还主动去戳客户的痛处、却自认是正义的化身？但是这位主管却始终坚信自己没有错，当然不愿跟我一起去客户处道歉。这种行为就好像有人八卦地说三道四，却不考虑当事人的处境一样的可恶。

我只身前往客户处道歉。客户无法接受当事人没有出现，不愿再给我们任何机会，因此决定解除我们的合作合约以示惩罚。我无言，对于员工犯的错，身为负责人的我也只能一并承受。我难过与客户长期建立的关系毁于一旦，却只能惭愧地无言以对。

其实这个案例发生后，我当时就应该请这位主管走路，但是当时我的"妇人之仁"让我没立即做此决定，使得而后我为这位主管付出了极大的代价，公司又多丧失了几位客户，包括导致一家公司的结束。这个教训让我明白，挑选高阶主管不论专业能力多强，若是观念不对、态度不好、没有反省能力，就不能胜任。尤其爱以"正义之士"的姿态评断好坏是非的人更是可怕。

从事服务业的人，必须要拥有一颗"同理心"。了解客户的需求、聆听他们的声音、站在对方的立场想，才能建立长远的伙伴关系。原来客户不会在意你所在乎的，直到你在乎他所在意的，这才是客户服务的关键啊！

创意一定要与众不同吗？

其实要与众不同并不难，只要标新立异、反叛或无厘头都可以，反面的抄袭也可能与众不同，因此与众不同的创意可以是无价的，也可以是廉价的

创意一定要与众不同吗？大部分人应该会点头如捣蒜地说："当然，否则哪叫创意？"在我们传播产业，创意简直就是神，是救命丹，是赢的策略。因此客户要代理商想的创意，当然要不一样、要别人想不出来、要有原创性，最好惊世骇俗，才能彰显代理商的功力。

可是，是这样吗？我大胆地提出这样的质疑，是因为太多的客户走进了"创意"二字的迷宫：他们找公关代理商，就是觉得代理商应该能提出他们想不到的创意，因此要求代理商的创意一定要与

众不同——不能用以前用过的点子，不能用别人用过的点子，甚至不能用别人用过的词句，只要创意本身够呛、够辣、够酷、够新颖就好。至于创意针对的目标本身的需求是什么，与产品讯息或者商业策略是否相符，倒是可以为"伟大"的创意稍稍牺牲了。

我们曾经有个客户，举办任何记者会，都要求场地一定不能重复，而且是对手从来没有使用过的，否则就责怪公关公司没有创意。另外一个客户则要求每次活动的启动仪式一定要与众不同——按钮、按水晶球、香槟塔、破冰雕、彩带球等举，凡别人用过的都不算，就是要"不一样"。至于记者会最重要的讯息是什么，倒变成了其次。这种情况越演越烈，只要翻开报纸，大概就可一窥究竟：俊男美女等名人的照片盖过了产品的讯息。这样的新闻讯息对于企业的形象或声誉是否能达到加分效果，值得探讨。哗众取宠的新闻虽然上了版面，但转移了焦点，对于企业形象的提升效果终究只会是昙花一现。

其实，要实现"与众不同"本身并不难，标新立异、反叛或无厘头都可以，甚至反面的抄袭也算一种与众不同。因此创意可以是无价的，也可以一文不值。重点就在于，它最后达成的目标是否与策略紧密结合，以及它被执行的可行性高低。所有的创意都不应该无中生有。这个创意从何处来？要到何处去？创意人员和客户都要十分清楚。所以，不断地更换场地或仪式，并不是真正的创意，我们只有清楚地知道创意的需求为何、要达成什么目标，这样衍生出来的构想才与策略相辅相成，才能真实地表达企业的讯息。

因此,好的创意是不是"原创"并不重要,在现有的东西上加一点新颖的元素也可能是好的创意,重要的是给消费者或目标群众的体验。创意的目的必须满足策略的需求,否则只是天马行空的想法。

下次,在你要求创意的时候,请先提出你的动机与目的,以及它的逻辑性与合理性。我想创意人员想出来的创意应该会更切中目标的。

先下标题再说话

我们为什么不练习将自己要说的话用下
结论的方法起个头，列一个标题来概括你所
要说的，然后再找寻一到三个支持的论点来
强化你的主要讯息呢

讲话简单，但话要讲得清楚，就不简单了。在传播公关业的准
则里，为避免沟通者话说不清楚，就会强调"主要信息"。有了它，
后面传达的信息才有聚焦，可以帮助大众了解或记住企业所想表
达的内容。

但如何构思"主要信息"呢？其实想想平面媒体中的标题，就
大概八九不离十了。主要信息就像下标题，标题下得好不好，将影
响读者、观众的兴趣和好奇心，使他们决定要不要继续跟你往下
走，读完内容的关键。因此，现在媒体的标题总是"语不惊人誓不

休",光看标题又耸动又刺激的,非得立即阅读不可。这是抓住读者注意力的不二法门,也是媒体提升阅读率及销售率的有效手法之一。

很经典的一则,当属台积电的董事长张忠谋在 2001 年说出的"春燕说"。当时他接受媒体采访,被问到半导体的景气问题时,说了一句"春天的燕子来了"。短短几个字,早已说明一切,隔天马上变成平面媒体的头版标题。

标题的精准度与时尚性,是瞬间让人记住的窍门之一,能令自家的信息在一片信息海洋中很快被看见。其实,我们在语言沟通上也是如此。有的人前面铺陈一堆,说破嘴还没说到重点,听众早就打瞌睡了,后面再精彩也白搭;有人平铺直叙,没有起承转合、没有总结,大家有听到、没听懂,各自解读,没有共识。既然如此,我们为什么不练习将自己要说的话用下结论的方法起个头,列一个标题来概括你所要说的,然后再找寻一到三个支持的论点来强化你的主要讯息呢?这样一来,表达清楚的同时也不会产生误会。

有一次,媒体问我们集团董事长白崇亮有关品牌的精髓。白董事长就先破题点出主要信息:"要有市占率,先攻心占率。"顺着这个主要讯息,当然有后面的陈述。这样一讲,记者聚焦了,读者有兴趣了,自然引出了一篇精辟又言之有物的文章。这句话当然也被原封不动地引作了隔日的标题,后来也被很多人引述。

下次在沟通时,不妨多多练习一下先想好标题,再陈述内容,应该可以让你的沟通更有力量。

用故事说话

> 有好的点子及创意，还得加上好的说故事能力，才能把创意卖出去。

我们每天要参加多少会议，听多少简报或演讲，但是真正有趣、吸引我们的场次有多少？还有，我们常常需要自我介绍或介绍公司，你如何可以立刻吸引目光？我想，你的经验大多是枯燥无趣的多、生动活泼的少吧？最大的原因，是人们缺乏说故事的能力。

不要认为会说故事的人只是耍嘴皮子，关键时刻它所展现出的强大影响力，不仅能打动人心，还能够扭转乾坤或化险为夷。奥巴马赢得美国总统宝座就是一例；而《一千零一夜》的故事，则是最好的救命符。在现今的商场上，我们也需要把说故事的能力运用在沟通、说服或谈判上，显现故事的商业价值。

很幸运，我们的亚太区总裁 Christopher J. Graves 发展了一套"说故事的技巧",并为我们同仁上了一课。他认为,营销人员要会说故事,品牌才会打动人心,产品才卖得出去;而 CEO 要会说故事,个人理念才能被传达、激励人心。我们平时运用案例、图表、照片等,都是为增加演讲的丰富度,但是故事却是其中最吸引人的元素。"说故事"的精髓在于打动人心,激发人性。

《创意黏力学》①一书就举了一个很好的例子,值得我们公关人参考。美国一个倡导健康的公益中心做了一项调查,发现一包爆米花平均含有 37 克的饱和脂肪。但如何让人们了解"37 克的饱和脂肪"意味着什么,进而让人减少食用?他们想到一个妙方,在记者会的主要讯息写着:"在一般电影院买到的一份爆米花所含的会阻塞血管的脂肪量,超过一份培根蛋的早餐,加一份大麦克汉堡附薯条的午餐,再加上一份全套的牛排晚餐。"他们甚或在电视机前展示了这全套油腻大餐。这个画面透过美国各大电视台头条播送,吓坏了全美观众。于是,这个观念被成功地推销出去,造成消费者罢吃爆米花,迫使各大戏院改用"好油"来爆玉米。

另一个案例来自最会讲故事的好莱坞。好莱坞的制片公司每个月要收到上千份的拍片企划案,这些提案人每人只有约 15 秒钟的时间,可以将自己的电影架构与内容说清楚。其中最好的案例,是电影《异形》(Aliens),在这"黄金 15 秒"当中,只用了四个单词

---

① 奇普·希思(Chip Heath)、丹·希思(Dan Heath):《创意黏力学》,大块文化出版股份有限公司 2007 年版。

"sharks in the spaceship"（宇宙飞船里的《大白鲨》），就得到了制片的青睐，因为《大白鲨》的电影已经让大家耳熟能详了。这，就是会运用故事的技巧。

现在市场营销无处不在，有好的点子及创意，还得加上好的说故事能力，才能把创意卖出去。培训当天，我们的团队在"一分钟接力说故事"的练习中选出了"故事王"，体会到了说故事的魅力。我鼓励同仁将之运用在日常的简报当中，相信他们在简报技巧及会议主持中，会有更大的进展。

白纸黑字有道理

"白纸黑字"是商业行为中必须养成的习惯,小至会议记录、会前的讨论大纲、后续的作业细项,大至估价单、合约内容,都是要白纸黑字确认,才能避免争议。

这样的事情在工作上总是层出不穷。同事们经常气呼呼地来找我说,客户又不认账了,明明讲好的事情却翻脸不认人。我问他有没有 email 或任何文字上的确认,同事总是说相信对方所讲的,怎么会想到再确认。像类似这种罗生门的状况无时无刻不在上演。

我对于同事们的这种迷思总是严肃地告知,确认不是不信任,反而是尊重对方,保护对方权益。在沟通上我们经常犯的错就是可能没说清楚或含糊带过,却以为对方了解我们所说的,其实并不然,这样产生了更多的误会,伤了感情。因此说清楚的不舒服总比说不清楚的假信任要来得实在的多。当然商场上并不是所有的言语都要白纸黑字确认,但牵涉金钱、时间或工作内容的,最好还是有双方确认的凭据以免误会产生。

中国人做事最喜欢意境,也就是说了就算话,这种一诺千金的气魄也是令人激赏的地方。但是随着时代的变迁,现代的信息泛滥,连决策的过程也复杂许多,一诺千金纵使爽快,但避免双方的认知或解读不同,后续再补一个 email 或是信函确认也是保障双方权益的一种方式。真正的君子不会介意你白纸黑字的再次确认,会感激你的细心周到,反而是想占便宜的伪君子才会斥责你的不信任。

最近公司遇到的两个案例,一个是源于双方以为话讲清楚了,没有再次确认,等事情发生后才知双方的认知不一样,结果浪费了两个星期的时间去找 email 的来龙去脉厘清事情始末,但到头来还是伤了感情、各说各话没有交集,可谓两败俱伤。另外一个案例是我们推掉了一个到手的合约,原因是对方不愿把工作的范围细项列进去。第一个案例是少了确认的机制,第二个案例则是模糊不清的合约等于制造了未来合作上的地雷,这都是在商业上要避免的事。

在商场上,白纸黑字是必须要养成的习惯,小至会议记录、会前的讨论大纲、后续的作业细项,大至估价单、合约内容,都是要白纸黑字确认,才能避免争议。这不是对对方的不信任,而是更珍惜双方的情谊与合作关系,避免未来有话说不清的尴尬。

合约没说的更重要

> 最好的伙伴关系是，合约永远备而不用，
> 而如果破坏了伙伴关系，合约往往又成了最
> 后的一道正义。

商业行为中少不了合约，但是合约真能保障双方关系吗？通常我们花了很多的精神、时间与客户订定合约，但吊诡的是，合约都是在双方翻脸时才发生作用。

古人一诺千金，不需要合约就可成就大事；但现在商业环境复杂，没有合约似乎做不了事。但是伙伴关系如只靠合约维系，又显得毫无人情味。所以最好的伙伴关系是，合约永远备而不用，而如果破坏了伙伴关系，合约往往又成了最后的一道正义。

还有一种影响合约的关键，就是很难写进合约中的"双方期待"。譬如公关公司梦寐以求的客户是这样——懂得尊重专业、视

他们为伙伴、与他们分享信息、给他们合理的回馈与利润。而对客户而言，梦寐以求的公关公司，则要比他更专业、给他好的建议、帮他达成目标、让他在老板面前有面子。但这些期待，往往到最后却也变成客户或公关公司解约的主因。

所以我会建议，最好是在签约之前，大家就把这些隐性的期待讲清楚，避免"因误解而结合，因了解而分开"。对于双方的期待必须要用勇气和理性来面对，做得到或做不到的都要诚实以对。公关公司不要害怕拿不到合约，而过度承诺；客户也不要以合约为饵，提出超出常理的要求。就算真的无法合作，至少双方留下一个美好的印象，留下以后合作的机会。

有一次，我与一家潜在的新客户洽谈生意的过程中，发现客户的品牌及项目内容非常吸引我，是一笔大生意。但是对其中的某些部分，我并没有把握做到客户的期望，也缺乏相对的资源。心里很想承接，又怕暴露了缺点而失去了生意。在天人交战了两天之后，我还是老实地告诉客户，没想到客户表示没关系，只要我能运作，他可以将相关的资源推荐让我使用。最后我不但拿到了生意，还与客户成为了好朋友。

客户与公关公司的关系就像夫妻，签了约就像结了婚。新婚阶段有太多的事情要适应。双方若能敞开心胸，愿意为共同目标努力，伙伴关系必然愈久愈香，不然就像怨偶一样，貌合神离。所以，合约里没写的，是否要有勇气说出来让对方听见？

提升沟通效率

> 沟通是人每天都在进行的活动。但有效
> 与否,就在于我们除了"讲话"之外,更多一层
> 的"人性"思考。

这是一个讲求效率的时代,时间等于金钱,效率更是竞争力的核心。在服务业中谁能最快速提出解决方案或满足消费者的需求,谁就胜出。研究显示,组织中最花时间、最阻碍前进的就是沟通,所以缩短沟通的时间其实就是帮助企业节省成本并且提高竞争力。

服务业增进沟通效率,有什么撇步吗?好好把握下列几项原则,应该可以增加双方的信任度,进而达成沟通目的。

第一,不要兜圈子。讲真话,简单明了,无修饰。直接回答问题,不要隐瞒真相。以这种方式往往能在一次交谈中就快速建立

起信用。你会被认定为一个说实话的人，正直而诚实。

第二，承认自己的局限。如果你不知道就说不知道；如果某些事不是你最擅长的就照实说；如果没有完整的答案就照实说，并说明清楚哪些是你清楚的，哪些是必须再去弄清楚的。

第三，为对方着想。如果你所提供给客户的建议里只有"站在自己的立场"，那么没有客户会真正信任你的建议。当你提供的服务不符合成本效益时，可以推荐其他提供专业服务的公司供客户选择。这样的替代方案反而会提升你的信用。

第四，承担情绪面的风险。譬如你察觉到对方的情绪有些担心时，可以试着说"你好像有点担心，有什么我可以帮忙的？"等话语，或许先展现关心与真诚，反而容易让对方敞开心胸说真话。

第五，设定目标与议题。为每场会议设定目标及议题，这样可以快速进入主题并聚焦。准备主要讯息。讯息是所有沟通内容的重点，能够事先准备讯息，在沟通时用一种人性的语调，将讯息聚焦、精准地传递，便能够减少对方猜测、防卫的几率。

最后，做结论。在会议或谈话结束时，应该要做个总结或会议记录，条列式的最好，避免对方有错误认知或误解之处。

沟通是人每天都在进行的活动。但有效与否，就在于我们除了"讲话"之外，更多的一层"人性"思考，还有敞开心胸的倾听，对服务对象的需求提出解决方案与建议，而不是一味地将自己或商品推销出去。只有让对方卸下心防，才可使沟通变得更畅通、更快速。

学习说"不"

> 一味取悦客户不是聪明之道。服务业一定要量力而为,不答应做不到的事情。学习拒绝不合理,也是营销与管理学上一堂宝贵的课程。

说"是"容易,说"不"难。难就难在多数人都怕伤和气,喜欢做好人。

但在大多数商业谈判中,却需要适当地使用"不"来拒绝。自己能勇于说"不",才不会将自己逼上梁山;让对方有说"不"的机会,才能探出对方的底。所以,不仅不要害怕说"不",还要勇于说"不"。

曾经有位客户总是习惯在下班的时候,打电话给公司一位年轻的 AE 交代事项,并言明希望隔天上班时就可以收到他要的报告。我们这位 AE 碍于客户的强势，怕得罪客户又怕客户告状，不敢拒绝，结果连续加班，压力太大，最后生病辞职。事情一直到他辞职时才爆发出来。这位同仁选择了牺牲自己、委曲求全，最后却哀怨离开，实在可惜。这就是"不知拒绝"最典型的后果——鞠躬尽瘁却得不到应有的报偿及尊重；公司也没有因此得利，反而让后面接手的人更加辛苦地扭转颓势。

因此，一味取悦客户的确不是聪明之道。服务业一定要量力而为，不答应做不到的事情。学习拒绝不合理，也是营销与管理学上一堂宝贵的课程。

在我的工作经验里，总会遇到一些客户希望在合约以外、预算以内多做一些事。当然偶一为之无所谓，但一旦变成常态就不正常了。尤其是在不景气的当下，这样的例子更多。但是答应与不答应之间，常常考验着我们的智慧。不答应，伤感情；答应了，增加团队的工作量与压力，并会压缩公司的利润。到底要怎么答应或怎么不答应，才能恰到好处？

回到上述案例，在原来那位年轻 AE 离职之后，我们让一位较有经验的同事来服务这位客户。他就很清楚地告诉客户：我很愿意为您服务，但若有急事需要我加班，请事先让我知道，好让我有时间取得家人的同意。因为我也需要有健康才能为您做好服务。另外，我也会将加班的时数与内容报告我的主管，让公司了解我的服务状态以及您的需求。果然，这位同事与客户的互动有了比较合理的进展，同时也得到客户的尊重。

除了向不合理说"不"之外,留空间让对方可以说"不"的经验也非常重要,因为对方毕竟是客户,需要让对方有主导权。

最近一桩谈判中,我对合约提出一个较高的期许,客户马上对我说"不",表达了不同的观点。我借此从他的理由、表情、身体语言探出他的底限和好恶,了解了什么是他可以接受的、什么是不能接受的,进而调整我的筹码,继续谈判,最后终于取得了我期望中的条件。

在我的谈判经验中,越是艰难的谈判越要冷静,尤其是势均力敌的谈判。想好自己最后的底线是什么;如果连底线都破了,那最糟的状况是什么;自己是否可以承受最糟的状况——如果可以,那就勇往直前吧!我的策略就是,不论我们处境如何,一定要"立场坚定,态度和缓",如此一来,对手通常可以感受到一股不可撼动的毅力,从而转圜。

因此,说"不"是让对手明白我们的底线;让对方说"不",是测试他们的底线。

"不"不是负面的解答,反而是积极的部署或进攻。让我们试着在不合理的时候说"不",就算有所牺牲,也要让对方知道这是短暂的,如果你要继续跟我做生意,就给我合理的条件吧,否则我们关系绝不会长久。

虎口下的反败为胜

> 再怎么难伺候的客户，只要他没有预设
> 立场，还是有机会可以扳回一城的。怕的是
> 我们自己先吓了自己，在唯一的机会里，丧失
> 可以反败为胜的机会。

　　我们集团的广告公司里有一位超级明星，她总是可以把客户绑得很紧，让客户舍不得离开她。她服务客户不仅专业，态度又好，但一点都不阿信，有时她还会跟客户说 NO！但是客户还是喜欢她。衡量一下离开她的代价，客户就会死忠地跟着她。她服务客户的传奇故事不少，最近又听到一则，让我不得不佩服这姑娘的气魄。

　　有一天其中一家客户 CEO 打电话给她，表示非常失望其广告效益，想要找整个团队好好检讨一下。这位 CEO 是有名的嗓门

大、脾气大、独断独行、敢作敢当,行事风格争议性颇高,在这种氛围下没有属下敢在他面前谏言。她也得知这位 CEO 要见她的团队就是想要抱怨,并且可能打算解雇他们,身为团队领导者她不想让团队失去尊严与士气,当下她决定单枪匹马赴约,因为她知道这件事不完全是团队的错。

果然现场气氛非常僵硬,客户也在盛怒之下,一一指责为什么她做的广告比不上他的竞争对手,不仅策略不好,广告没有形象,也没有质感,销售更没有起色,怎么可能是一流公司的作品。我想大部分的人听到 CEO 级的客户这样的生气谩骂,腿一软,心一凉,大概也讲不出话来了。但这位同事却静静地听完客户的抱怨与批评,心平气和地对客户说:"董事长您说得对,我们的广告的确没有质感、没有形象,我也非常不满意。但是当时候我接到的指示是不要形象稿,不要花大钱,没有时间,只要快快快! 赶快促销就好。所以这七八个月来,我们团队根本没机会做什么形象稿或策略规划。我们也建议过,但没有被接受,所以我想这是你们的商业策略,你们自然有其考虑吧!"这位 CEO 声音渐渐缓和,质问:"那你告诉我,要做到超越我竞争对手的那种广告,需要花多少钱?你们有能力做到吗?"这下好了,客户提出了需求,她也马上自信地响应了客户的疑问,客户表示愿意再给一次机会试试看。

当天,她从这位原本要解聘她的、盛怒的 CEO 手上带回了千万台币的订单。这个佳话在集团里传开,很多做客户服务的人都希望能有这个能耐,但是很多人不知这能耐当中含有勇气、专业、担当、责任、应变能力、还有得宜的 EQ。当所有的人视她为英雄、欢天喜地地恭喜她时，她却没有欢乐之心，反而说责任更重大了。因为她这句话，我坚信她这个项目可以成功，因为她的态度对了。

我相信这个客户绝不是毒蛇猛兽，他愿意指责我们，就是给我们解释的机会。有些客户会情绪失控，大部分是他内部的压力大到他无法承受的地步。所以我常说，当客户的业绩不好，我们代理商的日子也不好过，帮助客户销售本来就是共乘一条船的我们的使命之一。再怎么难伺候的客户，只要他没有预设立场，还是有机会可以扳回一城的。怕的是我们自己先吓了自己，在唯一的机会里，没有好好澄清或表现，以致于顿足捶胸，丧失可以反败为胜的机会。

为何一通电话值百万

> 客户与消费者也需要学习以"成果绩效"
> 为衡量顾问价值的标准,而非时间的长短或
> 报告的厚度。

在顾问业里最常碰到的头痛问题就是客户太宏观的问题。譬如说:"请问我这个品牌怎么做才会成功?"或是"你们帮我想想有什么构想可以让这个产品卖得更好?"这真是个不知如何简单回答的问题。如果有一个法则是天下通用就可以成功,或是几个点子就保证产品卖得好的话,那我相信所有营销顾问都会跑去开公司、卖产品了。

品牌成功关键及产品卖不卖的成功因素其实太多太复杂了,非三言两语就可以道尽。就算策略对,也要天时、地利、人和等因素的配合才能达成。但是很多客户总是希望速成,以为找了营销

顾问、找出对策,就期望可以赚大钱。但问题是,客户愿意付相对的价钱来回馈顾问的策略吗? 通常是很难。因为大多数人觉得顾问只是出一张嘴讲讲话,没有成本,怎可以收高价? 这种迷思就像早期的计算机产品一样,看得到硬件,大家愿意付钱,看不到的软件,就不愿意。但有趣的是,现在的趋势证明硬件利润越来越少,软件和服务的价值蒸蒸日上。

对于这种迷思,我总喜欢讲一个故事。美国有位从政府单位退休下来的官员当起了公关顾问,专攻政府关系及游说。有一天一位企业家委托他安排跟现任政府的一位官员见面谈某个法案,企业家说只要能够安排到一次的面谈机会,他就愿意付高价。公关顾问报了五万美元的价格,企业家也同意了,双方签完约之后,这位公关顾问拿起电话打给这个官员说了几句话后挂上电话,对着这位企业家说已经搞定了,下个月可以安排见面。接着他也请会计把账单放在桌上请企业家回去付款。当场这位企业家不高兴地说:"就这么简单吗? 几句话就要五万美元有没有搞错?"这位公关顾问不愠不火地拿起电话递给他说:"那请你自己打打看,我随时可以取消这个约会。"

这个事实告诉我们,软实力越来越重要且昂贵。脑袋瓜的东西不是免费的。一位资深顾问要能够一针见血地说出问题,或者一通电话打给对的人、说对的话,这需要几十年的经验与磨练,才能造就出此等的功力,客户与消费者也需要学习以"成果绩效"为衡量顾问价值的标准,而非时间的长短或报告的厚度。

"蹲马步"的必要

> 请不要吝于投资时间、慢慢熬。要历经
> 上百个案例,锻炼自己,使自己成为无可取代
> 的那颗明星。

公关代理商的工作是一个辛苦而充满挑战的工作,能够在这个行业发光发亮的人,最后证明大多是那些可以坚持到底、热爱学习与成长的人。然而时下很多新生代充满热情与幻想地进入了这个行业,却又撑不了多久便铩羽而归,令人不胜唏嘘。

事实上,公关是一个需要持久"蹲马步"的行业,在还没有练成基本工夫之前,很难独立处理客户复杂而且多样化的要求。业务专员(Account Executive,简称 AE)的工作每天需要从阅报、剪报开始,了解观察新闻观点、记者习性及报导风格。但这还是第一步,其他如新闻写作的练习、搜集资料、联络记者、了解客户产业的

动态、支持团队的各项执行作业，都是 AE 每天不可少的工作。这样的工作大约要持续三年，才能慢慢拥有辨析新闻走向及作议题规划的能力。

乍看之下，这些工作没有什么创意和变化，却是成就一位专业公关人才必要的训练。基层人员必须从这些训练当中慢慢体会公关的精髓，历练自己在客户服务方面的技巧。然而可惜的是，越来越多的年轻人向往快速成功，少有人愿意花时间去"蹲马步"，不是熬不了这份辛苦而退出，就是转进客户方，又或索性出国念书。这是当下普遍发生的状况，也难怪公关公司的 AE 汰换率特别高。

通常，年轻人进入公关公司后，第一个想要离职的关卡是第一年，这大多是认知差距的问题——心目中的公关工作内容与现实面相差甚远；第二个关卡是在第三年或是晋升到项目经理（Account Manager，简称 AM）的位阶，很多人到这个时候最容易遇到瓶颈，或是骄傲自满。因为到这个时候，一位 AM 对于大部分执行面的工作可以说已经驾轻就熟，偶尔也可以给客户适当的建议，相对得到客户赞赏的几率大增，公司需要他/她的程度也与日俱增。看得不够深远的人，就会觉得自己该学的都已经学到了，志得意满的心情油然而生；而看得深远的人就会知道，接下来必须面对更大的挑战，于是学习深度议题规划、危机管理、顾问式技巧以及团队管理技巧。这些实实在在做事的员工，不闪亮、不夸耀，像块海绵一样扎扎实实地吸纳、学习。我心底明白，他/她们终将有发光发亮的一天。

　　所以,留在公关行业努力不懈、持续学习的人,才能最终淬炼出钻石般的光度,历久弥新。像我们集团有许多资深的同仁,在这行有超过十年、十五年甚至二十年以上的经验。他们知识丰沛、实战从容、不骄不馁、提携后进、受客户爱戴,被我们视为公司最宝贵的资产。

　　最后我想勉励要在传播业闯出一片天的年轻人:请不要吝于投资时间、慢慢熬。要历经上百个案例,锻炼自己,使自己成为无可取代的那颗明星。

Chapter
② 态度是一种美

当你的现实条件或专业不足的时候，态度将是决定你是否脱颖而出的重要因子。态度好，人缘也都很好，遇见的贵人特别多。

专业里的真心

> 专业的品质包括一颗令人愉悦的心。先
> 说服自己的心，把自我的喜怒放一旁，行动和
> 态度才能感动人心，销售自然水到渠成。

　　有一次总经理要一位同仁在得到客户指正之后，写个感谢函
给这个他不喜欢又啰嗦的客户，同仁非常犹豫地说："这样不是很
假吗？"总经理回答他："假的做久了也成真了。"真正的专业需要标
准流程、知识、自信的语言与恰当的响应。有时候甚至需要撑起一
点"表面工夫"来衬托专业形象，但绝对不是戴"面具"。有时候你
觉得所要做的事跟自己的心意格格不入，不能只问自己爽不爽，应
该要问是不是专业要求该做的事。总经理回答的"假的做久了也
成真了"，意思就是，该做的就去做，做到自己觉得自然为止。
　　另一位同仁跟我分享他服务一位客户的经验。他说自己以前

给对方的感觉是冷若冰霜,有距离感。一直到他愿意主动跟客户分享自己的想法之后,客户才愿意跟他分享更多的信息。几个月的工作接触下来,他发现客户喜欢在下班之后、抵家之前,在捷运路上打电话交代他事情或询问工作进度。于是他将心比心,之后就尽量在晚上六七点钟中间,可能是客户在捷运通车的时间主动打电话报告当天事情进度。果然客户渐渐地放心,并且越来越依赖他。

他说以前他总觉得把事情做好就好,不需要去取悦别人,别人高兴也好,不高兴也好,反正他做自己。但是年纪越长,越发现自己的冷若冰霜并没有带来任何好处。想法改变之后,反而拉近了人与人的距离,感受到更多友谊的温暖。

其实,"专业"是要求我们学习以标准程序来完成任务,以减少犯错的几率。而在服务业中的"专业",除了产业的知识与技能之外,还要包含"态度",包含一颗令人愉悦的心。

态度必须由内而外,也就是说要"身心一致"才有效,因此最难套用统一的标准。就算有了标准流程,若心没跟上,也容易流于"皮笑肉不笑"的窘境。譬如你可以见到一些电梯小姐虽然迎宾的动作、用语一致,但是笑容的真假却很容易分辨,自然客户的感受也大不同。先说服自己的心,把自我的喜怒放一旁,行动和态度才能感动人心,销售自然水到渠成。

所以我们在决定改变态度之前,就必须要改变我们的思维,让我们先心甘情愿地接受,否则在"专业"上永远做不到位。

"受"比"施"更需要学习

> 学习示弱,学习接受,这个过程是很重要
> 的课题,它让你身边的人有机会反馈。

　　从我有记忆以来,听到以及学习到的都是"施比受有福"。的确,这句话也带给我很多的体会和力量,让我在行有余力的时候愿意付出、愿意给予,并且享受自己是个施予者的角色,觉得自己是个有能力的人。直到有一次,一位朋友想请我吃顿饭,我抢着付了钱,这令他耿耿于怀,另一位朋友跟我提醒,其实我应该要学习的是"接受",我才恍然大悟。

　　他说,"施"一点都不难,而且是人之本性。因为"施"让你得到名声,还有自我的成就感,彰显你这个人的高高在上,所以一点都不伟大。但是接受的人无论贵贱,若能怡然自得,不觉得委屈,不觉得矮人一截,才是一种自信的修养,尤其是朋友间的关怀和帮忙。

人在有钱或有能力之后，为了彰显自己的气度与能力，往往容易当起老大哥或老大姐。时间久了，你习惯当那个照顾者的角色，大家也都簇拥着你，虽然你有时觉得累，但大部分还是蛮享受这种被需要的感觉。于是，你越来越不习惯接受，从施到受的角色令你不安，令你觉得低人一等。这其实也是另一种骄傲。

一位新婚不久的同事每个星期都得跟先生回婆家吃饭，由于婆婆喜欢做菜，也想节省儿子媳妇的时间，所以总是在吃完饭之后顺便打包一堆食物让小两口带回去。但是偏偏我这位同事不喜欢吃剩菜剩饭，总是嫌恶婆婆这样的举动，每次婆婆在打包的时候都面露不悦，先生卡在中间也很为难，拿也不是，不拿也不是，于是就尽量少回家，婆媳关系无形中恶化了起来。我劝我的同事学着接受，毕竟婆婆是一番好意，高高兴兴地拿了，回家再说。可是朋友却坚持己见，若是拿了岂不是变相鼓励婆婆越做越多，回去还不是倒垃圾桶。说得很合逻辑，可是却伤了老人家的心！人与人相处，不是理字就可以走遍天下。

我最近看了一篇钢铁人医生许超彦的报道。一场车祸意外让他的人生从 100 分跌到负分，当吃喝拉撒都需要别人帮助的时候，他从自责、抗拒、生气、无助到后来很平常心地接受妻子的扶持。这等于给自己和妻子一个释怀的机会，当然他自己也很努力地学习独立。当自己是强者的时候，因为自尊，因为骄傲，你不曾想过接受别人的给予或付出。但是学习示弱，学习接受，这个过程却是很重要的课题，它让你身边的人有机会回馈，有机会帮助你。

不要老是当强者,高高兴兴地接受别人对你的善意与付出,是很有智慧的处世之道!

立场坚定，语气和缓

> "立场坚定"表示我们专业的坚持，"语气
> 和缓"代表我们沟通态度的成熟。

在服务客户的过程中，经常会遇到我们的建议或企划案不被接受的时候。对于大部分服务人员而言，这是非常令人气馁的经验。这时候，通常项目专员有两种反应：一种是摸摸鼻子，乖乖回去修改；另一种是找出更多的理由和数据，争取客户点头。第一种虽然听话，但是不见得会得到客户的认同和尊敬；第二种有可能翻盘成功，客户被说服，但是相对的，在心理和实际操作上，项目专员要承担更多的责任，因为这是你据理力争的结果。

通常，代理商的项目专员之所以显得"听话"，其实有两个背后的原因。一是能力不足：策略思考原本就是要头脑灵光、逻辑清楚的人才比较做得到的事，既然做不到，就听客户的最安全了；二是

因为懒惰：反正客户有点子，那就让客户发挥吧。因此，做客户的反而应该鼓励那些会与你争辩的服务人员，因为这样你才能够听到真正的声音、得到更有价值的想法。

有时遇到客户的构想其实不够好，或者会出问题的话，专业的顾问应该有勇气据实以告，以确保客户最大的利益或信誉。然而，要在极度的沟通压力下反驳客户的意见，并非易事。"立场坚定，语气和缓"是我比较建议的方式。

有一次，我正在处理客户的危机时，临时接到客户总部的要求，要我立即阻止已经箭在弦上的记者会，并劝退在场等待的媒体。我接到这种"不可能的任务"，当下就要求跟客户总部直接对话。我分析当时的状况，倘若在媒体极度愤怒的情绪下再去阻止采访，势必引起另一波的危机。于是我大胆地坚持，由客户高阶主管出面念一段事先准备好的声明稿及重申可以回答的讯息，至少让记者有画面及新闻可以写。在紧急的沟通下，我承担了极大的压力，当时我立场坚定、但口气和缓地让客户知道其方案不可行，必须考虑到现实面。客户最后同意了这个专业的判断，事后也证实，没有引发更进一步的不满和冲突。"立场坚定"表示我们专业的坚持，"语气和缓"代表我们沟通态度的成熟。

要反驳客户的意见通常需要高度的沟通技巧。"立场坚定，语气和缓"是最好的方式，但无论客户买不买单，代理商只有建议权，没有决定权。我们必须把决定权交与客户，毕竟是客户口袋里的钱。

情、理、法 孰重？

在私事上我们可以把"情"摆在前面,因
为是家人、朋友,你可以不计较。但在公事
上,你使用的是公家的利益,谈判的也是公司
的利益,就必须斤斤计较。

我一位主管跑来问我,有一场我们帮客户办的活动,饭店事先
告知某一个地方的地板较脆弱,他也事先提醒过合作厂商施工时要
小心;结果这家合作厂商还是砸坏了场地的地板,只好自己认赔,把
地板修好。之后,这位合作厂商跑来对这位主管说,这场活动只赚了
一点钱,却都赔了进去,实在很冤。是不是请我们公司帮他摊部分的
钱,让他不至于血本无归? 这位主管的疑问是:他该不该帮?

我就问他,你的想法是什么? 主管回答,我觉得他很可怜,想帮
他摊三分之一,可是又觉得不对劲,所以才来问你。我问主管,我

们公司每一个案子都会稳赚的吗？亏了钱，如果客户没有连带责任的话，会不会去找客户补偿？生意是细水长流，这次亏了钱，得到经验，把握下次可能的合作机会、还能赚钱才是正道。如果有其他厂商也没赚到钱，却没来跟我们哀嚎，所以我们没帮，这表示"会吵的有糖吃"吗？

我举了个例子告诉主管：你今天告诉某人前面几步路有一个坑洞要小心，结果她还是掉下去了，回头过来跟你说，医药费很贵，所以请你帮他摊一半，你觉得合理吗？我主管马上摇头。他又问，可是为什么我每次听到这种事情都会动摇，很想帮人家，结果又好像是妇人之仁？我告诉主管："心软是你的特质，但是心软不能成事，只能让人觉得温暖而已。在公事上，事理为先，情理为后。办好事为先，再考虑合不合情谊。"工作上一定要先法、理、情，而我们这位主管经常都是先把"情"放在前面思考，没顾到理和法。顺序不对，就搞得自己里外不是人。

其实在这种状况下，要帮或不帮都可以，没有定论。但是要帮，总要有一个逻辑，否则只是想做好人，而不是好的专业工作者。尤其，做这好人的代价是牺牲公司的利益，这就说不过去了。下次再发现类似的问题一样会困扰，因为你心中没有道理，只有情理。

在私事上我们可以把"情"摆在前面，因为是家人、朋友，你可以不计较。但在公事上，你使用的是公家的利益，谈判的也是公司的利益，就必须斤斤计较。把法、理摆在情之前，自然站得住脚，合法、合理之后，再加情理就更圆满了。

拿掉自己，看得更清楚

我们在处理自己棘手的事情时，若先将"自己"的角色拿掉，我们就很清楚该如何处理了。我们经常是由于自己多虑，把自己困住了。

我的一位总监跑来跟我说，他其实已经跟自己团队中的某一位下属谈恋爱，问我该如何处理？其实这原本是一桩很简单容易处理的事情，但是由于这位总监是当事人，所以就搞得自己不知如何自处。

我问这位总监，你觉得该如何处理？他说，照理说应该是将这名下属调不同的部门，可是怕这么一做，原本的地下恋情会变得众人皆知，其实他们心里还没准备好。我问，什么时候才会准备好？是等结婚的时候？还是等被别人发现的时候？他沉默。我说，其

实最恰当的时机已过。当你准备要追她或一开始的时候,就应该
先汇报,让公司做适当的安排,否则你便有利用职务之嫌或是公私
不分了。

总监这下更慌了,他说错过最好的时机怎么办?我回答,那就
再找第二个恰当时机,不能一拖再拖。他问,什么是第二恰当时
机?我说,当然是在你们恋情尚未公开且在年度考核之前,这个时
机也就是现在,是令大家可以谅解并得到祝福的。我接着分析给
他听,若是到了年度考核打考绩的时候,你如何做到绝对的公平?
就算你自问非常公平,也难免会落人口舌,无法取信他人。第二若
是等到公司的同事发现了,你们才申请调部门,则不免令人有被迫
的感觉,同事观感会不好。很高兴总监接受了建议,后来这件事欢
喜落幕,我们在适当时机做了该做的事,两位当事人得到祝福,下
属调了部门也适应并表现良好。

我们往往在处理别人的状况时,头脑非常清楚、行动非常明
快,但是面对自己的问题时,却变得瞻前顾后、犹豫不决。凡是有
利害冲突的我们都应该极力避免,避免不了的就要事先汇报,以利
在关键时刻,公司可以做最恰当的处理。像我们集团每年都要我
们高阶主官签署一份是否有在外面投资公司的清单。事先报备让
我们行事透明,没有贪渎之嫌,等到有冲突时再作适当处理,公司
还是可以谅解。

我们在处理自己棘手的事情时,若先将“自己”的角色拿掉,我
们就很清楚该如何处理了。我告诉这位总监,若是同样事情发生

在别人身上,跑来寻求你的建议,你会如何建议就是你现在该做的。我们经常是由于自己多虑,把自己困住了。

没有事实，只有诠释

> 花时间去找出谁是谁非，并不符合经济
> 效益；解决事情继续往前走，才是双赢之道。

在沟通的世界里，往往你以为你懂了他讲的，他以为你听到了他的"意思"，但是往往误会还是产生。

听到了，不代表就是听懂了。沟通这档事，看似简单却是最难，简单的是靠一张嘴，难的是你猜不出对方在想什么。当对方点头如捣蒜时，不要高兴得太早，这并不表示他同意，殊不知有人的习惯就是听到语言就点头。有人面无表情也不表示他拒绝，搞不好他正在恍神或思考，要如何答应才有面子。沟通要讲到对方真正了解且到位真的不容易，否则为什么70％以上的枕边人天天相处，却不了解另一半在想什么。

沟通的鸿沟如果没有在当下解释清楚，一旦经过岁月的冲刷，表面上天下太平,暗地里藏污纳垢。难怪尼采曾经说过一句名言:"没有事实,只有诠释。"我认为这是可以用在沟通事后有严重障碍且无法厘清是非时的最佳主张。

最近我公司就发生一件说也说不清的悬案。有一位客户当初由于预算不足,跟我公司服务的总监有一个口头协议,就是先做事再由下一季的预算挪用付款。但是案子做完了半年,却迟迟收不到款项,由于此笔费用还包含了厂商的外付费用,最后由我和客户的主管介入处理这件事情,结果却发现两人的说词完全兜不拢。一个坚持当初是相信对方所言才先行完成服务,另一个却坚持是对方愿意免费服务,才请对方继续完成项目。由于双方都坚持自己的认知是对的,因此客户的主管坚持一定要看到白纸黑字的纪录才愿意付款,在这个前提之下,我方就得提出证明。由于口说无凭,当然也很难提出"物证",就算找出几封当初双方往返的 email,可以看出客户是有委托先办事的端倪,但也很难证明付款金额。

这两位当事人在公司都相当优秀且纪录良好,很难依经验值看出谁是谁非。当时我将这件事定调为"没有事实,只有诠释"。经过时日,人对记忆会选择性遗忘或放大,因为各说各话,真相已经很难还原,此时找出真相已不是最重要的,反而是如何看待整个事件的态度与观点。因此我觉得这件事情应该止于此,不应以找证据这种法律或司法的方式解决。因为我们是商业的伙伴,应以商业的方式解决,如果真要循法律方法弄清楚的话,第一旷日费时,要去寻找证据简直就是海底捞针。第二,就算找到证据,双方关系也已经破裂了。伙伴关系应该是相互支持、长久信任的，吃亏或占便宜都不是单一事件可以衡量出来的。

在跟客户主管的再次沟通下，很高兴他接受了我的观点，我们不再追究谁对谁错，在能力下各自分担了部分的费用。花时间去找出谁是谁非并不符合经济效益，"解决事情继续往前走"反而是商业的双赢之道。从这件事件双方也学习到必须当下说清楚讲明白或是有个书面 email 确认，尤其是牵涉金钱或约定的事实。

这个商业行为的必然，并不是我们失去了前人"一诺千金"的价值观，而是沟通这档事，在这个年代，唉！有时候真是有理说不清，而且越说越迷糊……

不要自己吓自己

太软弱的人是没办法待在代理商的,因为代理商就是要训练出一批聪明、作战力高、身段柔软的人。我们没有办法改变客户,就只有把我们自己训练得更坚强。

最近看到很多年轻的 AE 压力指数很高,一下子头痛感冒、一下子得了莫名的病痛必须在家休息或请长假,追究其原因医生都说是压力太大。私底下请人事部去面谈,才知道有些人在服务客户的过程中,由于能力的不足,不知道如何处理眼前的问题,又没勇气往前迈一步。那问题仿佛变成巨大的怪物,吓得自己整天魂不守舍,到最后变成压死自己的一根稻草,选择逃避或让事情爆掉。

记得以前,有一位很严厉又不留情的客户,逼得服务他的专员战战兢兢,加上他的 EQ 又不高,服务他的团队大多都采取闪躲的态度,能不与他联络就不与他联络,免得招来无妄之灾。但是这样情况更糟,因为服务一定做不好,其中有位员工甚至在需要打电话给他的时候,就会胃抽筋,非得拖到最后一刻不得已的时候才会打电话。可是因为没在第一时间告知客户,免不了又招来一顿骂,于是恶性循环,最后压力太大只好请辞工作。我原本以为,这些都是客户修养的问题,后来发现其实是一半一半。服务人员因为专业不足无法回应客户需求,经验不够又无法坚定所言,而态度软弱使自己挫折更大,服务客户的过程当然就恶性循环。然而这些都是要锻炼的,包括专业与胆识。

太软弱的人是没办法待在代理商的,因为代理商就是要训练出一批聪明、作战力高、身段柔软的人。我们没有办法改变客户,就只有把自己训练得更坚强,让我们能在多变诡谲的环境中生存,让客户需要我们。在这个行业,专业够强、态度柔软,十之八九可以如鱼得水。

很多事情原本没有那么严重,都是我们自己在吓自己。该打的电话就早点打,如果被骂是必然且最坏的结果,那还有什么大不了的呢?况且,工作没做好被骂是应该的。如果做好了还被骂,只会突显那位客户的无理,搞不好他挂完电话之后,自己也会懊恼不已,自觉 EQ 太低,下回找机会弥补你——我就遇过这样的客户。只要自己专业与服务够好,站得住脚,难缠的客户也会变得无话可说。

　　话说得直白一点,让客户需要你多些,你的赢面就大。就像爱情一样,谁需要谁多一点,谁就离不开谁。我们都是透过压力的挑战而成长的,早点学习面对压力,就会早点得到快乐的力量。戴维·奥格威(David Ogilvy)曾经说过:"活着时愉快些吧,因为你将会死得很久。"

话说半分满，事做一分满

> 话说半分满是给自己留后路，有转余空
> 间；事做一分满是给自己一个专业表现的机
> 会，不打折扣。

出社会一段时间后，悟出一个"话说半分满，事做一分满"的为人处世哲学。话说半分满是给自己留后路，有转余空间；事做一分满是给自己一个专业表现的机会，不打折扣。

俗话说，半桶水响叮当。意思就是说学问会一半的人总是讲话最大声。在职场上这种人常会膨胀自己有限的所知，因为要掩盖心虚，快速建立自信，总是把话说得很满、很绝对。当你提出质疑，会引起他更大的防卫，把话讲得更没有弹性，活像一只纸老虎，生怕被人看穿。等到事情的发展不像所说的情况，往往让决策者判断错误而错失良机。

　　我曾遇过一位客户在做比稿前的说明时,我们问了一些他不是很确定的问题,看出他不是很高兴,要我们自己回去做功课。也为了掩饰他信息的不完整,他用想象的信息告诉我们,最后让我们白忙一场,因为他猜测的方向错误,因此提出的建议并不符合公司需求,双方浪费时间。又曾经碰过这样的员工,因为应征时把自己讲得很有经验,当主管分派一些他自称熟悉的任务,却因为心虚不敢承认只懂一半,也不敢请教他人而硬接下来,最后把项目搞砸了才被发现。

　　渐渐发现,完全不懂的人因为没什么好隐瞒,所以诚实。完全都了解的人不怕别人挑战,所以谦虚。承认自己不懂,反而容易得到别人的助力,同事愿意倾囊而授。真正的专家虚怀若谷,认为天外有天,不敢居功且继续学习。看来唯有懂一半的水桶响叮当,用大声说话来掩饰自己的不足。

　　其实话说得太满,压力总是随之而来。由于能力做不到自己承诺的,为了好强就硬撑,逼自己去面对或接受高于能力的难题,这些人其实活得很辛苦。真正的自信是有多少实力说多少话,不怕被人看穿,勇于承认自己的不足,这样反而会得到帮助及尊重。

　　至于事做一分满,是相对于自己所说的承诺。说到做到不仅负责任,也是自我承担的练习。对于话已说了十分满的人,唯一可以挽回信用的就是让做的事与说的话一致。所以"话说半分满,事做一分满",反而让人惊艳,也是维持我们信用与建立声誉的不二法门。

看透不点破

> "看透而不点破"是一种修养。有的客户
> 也会因此在事后更加珍惜我们的伙伴关系，
> 找机会弥补我们的损失，对我们的信任也日
> 见增长。

世上很多事，看透不点破，是给人留余地，这是中国人的一种待人处世之道。

世上最苦的事就是"有苦说不出"。这种苦，有时是来自一时误会；有时是为顾及他人面子，不想当场拆穿而承担下来。我们做客户服务，难免替客户"背黑锅"。其中常出现的情景是，碰到客户方的联络人明明答应或同意的事情，到了老板那儿，见老板脸色不对，马上见机行事推说这不是他的主意。而当客户老板的眼神飘向我们同仁这边的时候，他们也只好忍下眼前的责难，允诺回去修

改。也有的时候,客户在媒体前不敢承认自己的失误,或对媒体不公平,就将责任推到公关公司,使得我们的同仁不仅"哑巴吃黄连",还要日后再费力修补与媒体的关系。

无论如何,看透而不点破的修养,是层次很高的修炼。谁不想当下说个痛快?但是话一急急出口,不但惹得场面尴尬,还往往坏事,真的是得不偿失。反而,若能忍一时之气,看透而不点破,就是一种有为的担当。如果当事人事后能够省思,就会让承担者感觉值得。

有一个网络故事或许你也听过:一天晚上,有个女孩在机场等候飞机,她找了个地方坐下来,聚精会神地看书,却无意中发现,那个坐在她身边的男人竟未经允许,就从他们中间放的袋子里抓起一两块饼干,塞进嘴里。她忍着气,而那个"偷饼贼"继续消耗着她的饼干。每当她拿一块饼干,他也跟着拿一块。时间一分一秒地过去,她也越来越气愤。当袋子里只剩下最后一块时,他的脸上浮现出善良的微笑,把饼干分成两半,递给她半块,自己则开心地吃掉了手中的另一半。女孩的心中自然充满了错愕和愤怒。最后,当她登机后把手伸进皮包时,才吃惊地摸到一袋没有开封的饼干!此时她懊恼万分,却再也没有机会说"抱歉"了。

这位男子的"看透而不点破"是一种修养。他慷慨地与女孩分享饼干而不说破误会,反而让女孩愧从中来。有的客户也会因为我们帮他"挡了子弹",在事后更加珍惜伙伴关系,找机会弥补我们的损失,对我们的信任也日见增长。当然,也有的客户不见得感激,

下次还是故技重施,拿我们当"挡箭牌"。只是,这种客户的伎俩早晚
被识破,当然也就没有代理商愿意为他卖命了。

得失心

> 人生真的很奇特,专注做事、不重得失时,反而得到凝聚的力量,让我们收获想要的成果。

我从大学时代就打网球,久了之后就体会出一套工作上的"网球理论"。通常在网球赛局中,每一球的得失都非常重要。因此比赛时,选手常心系着计分板或听着裁判口中的分数,来确定当时状况。很奇怪的是,当我越看着记分板就越紧张,它也从不会帮我自动加分。但是当我放弃看它,很认真地打每一颗球,球来就用力挥、用力挥,记分板就很神奇地"自动"帮我加分了。

在工作上也是如此。以前刚创业时,我在一些项目上非常在意得失。有时犹豫不决,有时瞻前顾后,精算着这案子会赚多少钱,该怎么报价才不会吃老本,每天看着业绩是否会成长,心里一上一下的,忐忑不安。但是结果收入还是没有多少增长,心中焦急不已。后来也想不出好方法,于是心一横,不去想它了,只想好好把眼前的工作、项目做完,赶快回家睡觉。结果,心无旁骛、专注做事,反而解决了问题。渐渐地客户满意度增加了,员工士气上来了,业绩也神奇地增加了。

网球界有一个术语叫"非受迫性失误"(unforced error),意思是当对方发一记好球过来,你却自己搞砸了,回球不是挂网就是出界,结果该得的分没得着,还白白送给对手一分。这是令网球选手最扼腕的。因为当双方实力相当时,谁的"非受迫性失误"少,谁就会是赢家。通常,压力大或情绪不稳定的一方,更容易犯这种错误。

工作上亦是如此。不但要心无旁骛、专心于任务,还要稳定自己的情绪,不受外力干扰。越是压力大的紧张时刻,越要沉得住气,以免自己出现"非受迫性失误"。在商场上一旦犯下这种错误,恐怕代价比在球场还大,通常的结果就是把胜利的果实直接拱手让人。等待别人犯错,不如保持自己不犯错,至少这是稳住自己基本盘的第一步。

我公司曾有一位非常优秀的主管,工作认真、全力以赴。因为在意自己的表现,害怕失败,总是先想会有什么风险,会失去什么。例如有一个新生意比稿的机会,他总评估要有很高的胜算才愿意去参加,以避免自己的失败率过高。而习惯性筛选的结果是,平白浪费掉很多很好的机会。有时虽决定比稿,这位主管却又想太多,为了出奇制胜而大胆提案,反而忽略了项目的实质目的与客户需求,最终没能赢得客户的心。这就是令人扼腕的"非受迫性失误"。

我的经验是,很多案子能谈成,都是双方见面后发现磁场很合,就顺着情势谈成了合作关系,反而没有繁琐的比稿过程。有时候,虽然当时合作案谈不成,但是双方都留下了美好的印象,以后机会成熟时,合作就水到渠成。人生真的很奇特,专注做事、不重得失时,反而能得到凝聚的力量,让我们收获想要的成果。

得失心其实是一把刀的两刃。因为在乎,有时它像推动器让我们充满战斗力;因为太在乎,有时它又像拖曳机让我们裹足不前,错失很多良机。因此,如何控制自己的得失心,也成为人生要修炼的一门功课。

碰个面，喝杯咖啡吧！

> 如果你很久没跟客户或是朋友见面，可以的话，就像一个广告片上说的："再怎么忙，也要跟你喝杯咖啡。"会有意想不到的收获。

你有多久跟你的朋友只是在电子邮件、MSN 或 Facebook 上谈事情、聊天？你又有多久只是透过这些文字的沟通而没有面对面地感受你与朋友间的互动与笑容？

在《扭转时光机》（*Hot Tub Time Machine*）这部电影中，主角就说了一句引人省思的话："有时候我得告诉朋友，我们得聚聚喝杯咖啡或做做别的事情，因为我已厌倦了只用电邮和简讯沟通。我想要确认真实的你……"现代人的生活及沟通模式在短短的一二十年间产生了巨大的改变。网络世界的高效率取代了传统的沟通模式，为了节省时间，我们减少了面对面拥抱、问候、会议、说话，代之而起的是实时的简讯、MSN,久而久之变成了宅男宅女,懒得再与人碰面。

在商场上,沟通效益的铁律是,电邮沟通永远比不上电话沟通,电话沟通又比不上视讯沟通,视讯沟通永远比不上面对面的沟通,除非在特殊状况下这些工具才有不同的效益。就以全世界各国举办的高峰领袖会议为例,为何让全世界领袖排除万难同聚一堂?那是因为情感的交流及商业上决策更是需要靠非语言、非文字的信息以判断真伪,端赖文字及语言还是会有失真的遗憾。所以公事上的沟通我总是劝同事们尽量去见客户,不能见的才用电话,无法用电话的才用电邮。

但是现在的人却都反其道而行,能用电邮就不用电话,能用电话就不见面,使得现代人在匆忙中多了许多冷漠与疏离。现代办公室最常见到的场景是同事们明明就坐在隔壁,却懒得起身讲句话,反而躲在计算机后面传递信息。多疏离的场景!

中国人说见面三分情,一点都不假。有一些人情的请托,我在电话上或电邮上很容易拒绝,但是见了当事人,我总是很难说不。这就是面对面沟通的影响力。有一次同事为一份合约的细节在电邮中跟客户来来回回修改了十几次,双方都为坚持己见僵持不下,后来我建议见面谈,没想到双方都感受到彼此的诚意,谈笑风生,竟然衍生出更多的好点子,一拍即合。

如果你很久没跟客户或是朋友见面,可以的话,就像一个广告片上说的:"再怎么忙,也要跟你喝杯咖啡。"会有意想不到的收获。

可以天真，但请认真

年轻人可以天真，但请不要不认真。

许多年轻人涉世未深，天真可爱，经常冲劲有余，但思考不足。其实处在竞争激烈又高度要求专业的职场上，精准度及效率是非常重要的。倘若不经思考就说话或做事，就会鲁莽闯祸，年轻人应该引以为戒。

一位在校学生在脸书上留言，因为看到我在台湾《动脑》杂志上写的一篇文章，观点很棒，希望我可以针对这一主题加以延伸，到他们学校去演讲。我看了一头雾水，我并没有写过那一篇文章啊。这位同学赶紧回信说，"对不起，搞错了，你写的是另一篇，但还是很想请你来演讲"。我很感谢，但是感动你的是另一篇文章，为什么要找我去演讲？如果邀请者连主讲者的背景或专长都搞不清楚，对方会答应吗？

　　另一个学校的同学也给我发电邮,希望我可以接受他们的采访,因为老师出了功课,要他们去采访市场上最欣赏的一位公关界人士。但是这位同学并没有署名,这样的邀约会不会太草率?被邀请者会感到被重视吗?

　　现在网络发达,百度一下就可以查到大部分企业或企业主的信息,行动之前为什么不做功课?为什么不查查你要邀请对象的信息和背景?名字叫错、写错,都是非常不礼貌的事。公关人员的基本职责不是该把媒体名单查清楚吗?去求职面试时,不去登录应征企业的网站,不去搞清楚人家做什么、卖什么,不做点准备,你能企盼自己被录取吗?

　　一个不认真的年轻人,如果在最基本的事情上都不用心,他的专业也会被打折,这样在职业生涯的发展上很容易被看轻,断了自己大好的机会。

　　所以,年轻人,可以天真,但请不要不认真。

不要自我感觉良好

真正能力强又成熟的人大多虚怀若谷，
谦恭有礼。

虽然我常劝年轻人要有自信，勇于说出自己的观点，但是另一方面，又发现很多年轻人时常莫名其妙地自我感觉良好，自以为优于别人，问题是离事实却有很大一段差距。这些年轻人让人头痛，因为自我感觉良好，所以就不知改进。身为主管，最大的功课就是让他们认清事实。

公司有一位国外念书回来的年轻人，学历和家庭背景都不错，但因为刚毕业，所以还是得和其他人一样从基层做起。一阵子之后，他感觉不满，觉得自己优于别人，为何没有特殊待遇。于是向主管表示，他是从国外回来的，又是硕士，应该可以有更好的职位，而不只是做这样的工作。言下之意，希望主管可以看到他的"优秀",而另行安排职位。主管告诉他,职场上只看能力高低,学历只是参考,请拿出能力来证明自己的优秀。没多久,他就请辞,另谋"高就"去了。

另一位年轻人,老是在小事情上犯错,屡劝屡犯。最后主管忍无可忍,不想再当他的"清道夫",于是找他单独谈话,希望他改进,但是他的反应让主管瞠目结舌。他认为这些小事情或小细节根本不是问题,他的志向是要做大事的,所以只看大方向,鸡毛蒜皮的小事根本不值得一提,他觉得主管太小题大作了。对于这样的人,我们也除了感慨他实在自我感觉太良好之外,只能请他脚踏实地或另谋高就了,因为公司不缺指导大方向的人。

自我感觉良好的人通常都是自信过度,以为自己行,事实却不行。最糟糕的是他浑然不知,自我陶醉在象牙塔里,自我催眠得相当厉害。自我感觉良好的人大多看不清事实,所以就不知反省,实际与幻想的差距很大。别人帮不了他们,因为他们总觉得是自己运气不佳,没遇到伯乐,所以错不在己。

这样的人要从"天堂"回到地上的唯一方法,恐怕是要让他们自己跌倒、受到挫折,才能真正意识到自己的不足。他们需要做的最大的功课,其实是让自己了解现实,认识到人外有人、天外有天,才有机会回过头来扎扎实实地做事。

真正能力强又成熟的人大多虚怀若谷,谦恭有礼,绝对不会自我膨胀。

从老板身上学习

> 别忘了老板可是我们的贵人,不管好的坏的,都可供我们来学习,千万别丧失了大好机会。

有一位能力不错的年轻人经常批评他的主管或老板,只会出一张嘴,什么都不做。听到此言论我总是要他再想一想,他的老板真的一无是处吗?那为什么他会当高阶主管或老板,而不是你?这位年轻人气愤地说,那是他运气好,还有他关系好。

看来这位年轻人心中充满了不明与愤怒,真想把他的主管除之以后快,但又无能为力。于是我分析给他听,如果这个主管这么烂,烂到让你度日如年,为什么不潇洒离去,另觅良栖?那如果这位主管真的运气好、关系好而做到这个位置,那表示这方面能力是可行的,是在市场上有价值的,那为什么不趁机好好学习呢?

　　的确很多老板只出一张嘴,但大部分的情况是,一张嘴就能够把事情摆平,你说这嘴厉不厉害?有的老板真的关系很好,我们想见一直见不到的人,他就有办法约到,见了关键的人、讲了关键的话。这是不是一种能力?这位老板的运气好也是因为这些能力累积而成的吧!我的观点是天下没有白吃的午餐,这个老板会做到高位一定有他的道理,企业也不是省油的灯,否则不会花白花花的银子请他来只是摆着,因此不要只有抱怨,好好去想其中的道理吧。

　　倘若真遇到不好的老板,看清他哪里不好,好好警惕自己当主管时不要犯了同样的错误。如果跟他共事让你度日如年,至少你还可以选择离去。同样的,若是优秀的主管赶快趁机好好近身学习,这可是千载难逢的机会,在巨人的肩膀上看得更远、更高,这可不是每个人都有的机会。

　　在我的职涯中,曾经碰到过坏主管、也碰到过好主管。我就是用这种态度去看事情,尤其是碰到好主管的时候,我总是热切地问、偷偷地学习,这是我工作上最快乐的一件事,因为此时事半功倍,比自己看书还有效。只有一次碰过一个心机太重的主管,令我失望,在我学到自己想学的功夫时,就辞去工作。有时想想,今天我之所以为我,这些主管都有一定的贡献。

　　如果你是在一间大公司上班,更棒的是你还可以选择公司周遭或别的部门那些主管们,挑你所欣赏的,或自己所缺乏的那一块,看他们怎么做,看久了总会模仿吧!别忘了老板可是我们的贵人,不管好的坏的,都可供我们来学习,千万别丧失了大好机会。
从老板身上学习可是职涯中最物超所值的礼物呢!

老板也需要被鼓励

> 别忘了，老板也是人。只要是人，就不可能永远坚强。这群"孤鸟"也需要打气。

纵使高高在上的老板也需要被鼓励，因为许久没人告诉他做得很棒，他有时会暗暗质疑自己做得够不够好。

在很多人的印象里，当老板的应该都是有自信、勇敢、积极进取的一群人，不怕挑战、不怕挫折。社会的迷思是，这些老板都懂得自我激励，所以对他们的肯定与鼓励都是多余的。而且在职场上，大家总觉得赞美老板是"狗腿"的行为而对此不屑。

殊不知，这些居高临下的老板们承受的责任重、社会压力大，只因被外界那样定义了，就不得不展现出一副强者的模样，以满足他人的期待。其实，他们心里的孤单与寂寞无人知晓。俗话说"高处不胜寒"，对于做老板的，能说说话、咨询一下的人没几个，于是他被训练得随时"武装"起自己，不得流露出丝毫的软弱或犹豫。久而久之——硬了心，好做事。

但别忘了，老板也是人。只要是人，就不可能永远坚强。这群"孤鸟"也需要打气。譬如，在带领团队打了一场无懈可击的胜仗之后，团队欢庆之余，他心里也会很期待听到同仁们说一声："老板，有你真好！"或是，在作出一个艰难的决策之后，他的内心也会诚惶诚恐，如果有人对他说："老板，无论如何，我们挺你！"那无疑将是最大的支持。

我年轻时刚出来创业，公司只有几个人。于是我跟员工一起打拼，就像是一家人，彼此没了距离，有话就说，结果反而产生了自我角色的混乱，员工对我的期望也越来越高。后来，当我懂得保持适当距离以利大家做事方便后，却也开始体会到在高处的孤单。中午我不敢随便找同仁吃饭，以免他们压力太大；也不能随意显现自己的喜怒哀乐，以免员工猜测我的心情，来决定报告事情的内容……种种制约，让身为老板的我也隐藏起了部分的自己。这时我终于了解，那些做大事的老板为什么要保持一种神秘感。

直到有一天，在一场演讲后，一位开朗的员工告诉我："老板，你讲得真是精彩，我觉得很有收获，相信在座的听众也会有同感。"记得那个愉快的午后，我微笑着走出会场，感到心情像阳光一样灿烂。原来，被人家鼓励与欣赏的感觉这么快乐，我几乎都遗忘了。那句话让我对往后的演讲更加尽心尽力、准备充分，生怕坏了自己的"招牌"。

把自己当别人

> 人生持盈保泰，成功不必在我，失败也不
> 会打倒我，"也无风雨也无晴"的心态其实是
> 最好的平衡。

印度智者有四句话，分别是"把别人当别人"（尊重每个人的独立性）、"把自己当别人"（将"自我"角色抽离，以减轻压力和痛苦）、"把别人当自己"（要有同情和慈悲心），还有"把自己当自己"（珍视自我）。就职场而言，我想重点讲一下"把自己当别人"的智慧。

我们一生中大多身负多重角色，父亲、母亲、老师、女儿、主管或属下。不见得每个角色我们都喜欢，但每一个角色都有它功能性的任务，譬如说父母负有养儿育女的责任，主管负有领导部属完成业务目标的使命。这些角色扮演，使我们不能随心所欲，尤其是角色远离自己个性的时候，就会产生不适应与痛苦感。很多人彷徨于到底

要争取做自己还是妥协于角色两者间，内心起了很大的挣扎。

其实两者并不冲突，我们只是需要一些心理建设来帮助我们完成使命，又不会背离本性。"把自己当别人"就是其中一种。这个观念协助我们将负面能量转正，将"自我"的角色抽离，痛苦就自然减轻。

由于职责所需，我经常训练企业高阶主管面对媒体，以及如何进行危机管理。但是有很多企业主管很排斥自己在媒体上露面，问我怎么办。于是我就请他们记住"把自己当成别人"这个法则。意思是，我现在不是"某某某"，我现在只是某某企业的总经理，我的企业此时此刻需要总经理站出来对媒体及大众说话，以宣扬企业品牌，或是厘清一些传言。为了企业的声誉与形象，"总经理"现在必须这样做并且达成目标，所以"我"责无旁贷。

先把自己放下后，心中没有"自我"就容易多了。等到任务完成，还是可以回到那个原来的我。

这样的抽离，有助于我们将职务角色扮演好，也不会和自我混淆。我有一位大学教授时常说：当他听到别人在批评他或骂他时，他就告诉自己，他骂的是这个名字，不是我，我只是这个名字的替身。就算他骂的是我，那是因为他不了解我，既然他不了解我而骂我，那有什么好生气的。这样想，他的愤怒就少一半了。

同样的，当我们成功时也不必欣喜若狂，高兴一天就好。成功或失败时的极端情绪都能抽离。人生持盈保泰，成功不必在我，失败也不会打倒我，"也无风雨也无晴"的心态其实是最好的平衡。

向诱惑说 No

价值观是一种处理事情、判断是非、作出选择时之取舍标准,是一种深藏于内心的准绳,是面临抉择时的一项依据。

在公司开宗明义的第一条价值观上,我写着四个字:正直、诚信。许多人觉得这是老掉牙的东西,可是工作越久,越觉得这是一则宝典。

年轻的时候在企业里做市场营销,有一次公司决定扩大参加国际计算机展的规模,负责项目的我手上握有一大笔预算,于是我找了几家设计装潢的厂商来比稿,希望从中挑选一家最适合的。就在揭晓完结果几天之后,得标的那家厂商负责人私下找我辟室密谈,除了感谢我之外还暗示可以从中回馈我一笔不少的金额,只要我不砍他们的预算。那个金额大约是我当年三个月的月薪。我听了一惊,除了当场砍了该砍的费用之外,还要他从预算中减掉要给我的回扣作为最后的成交金额,并告诉他在我身上不需要用这招,只要把质量好好做好就可以继续合作,否则免谈。

几年之后,我辗转听到这家厂商散播另外一家企业的业务代表拿了他们的好处却没把答应的事情做好的传言,觉得还好当初没有利欲熏心接受他们的诱惑,否则一世英名就毁于一旦。这事验证了"凡走过必留痕迹",以为神不知鬼不觉的终究还是出事,就算不出事也够当事人提心吊胆了。人如果活着担心,或担心地活着,实在是太划不来。

这些年来从事营销方面的工作,经常接触到巨大的预算规划及花用,有些诱惑不免总在向我招手。还好我个性使然,讨厌这种桌底下的交易,久了之后大家知道我的脾气,不论厂商或员工都会战战兢兢把事情做好,才能持续与我的关系。奇怪的是,这些不合理或龌龊的事就渐渐远离我,再也没找上门。原来外面的传言也自动帮我过滤这些讨厌的事情,影响所及,我的员工也自然地具有这样的气质。

近来看到一些社会弊案频传,有的人为了长官而涉案,有的人为了升迁而买官。这实在是心理的价值观出了问题。员工问我什么是价值观,我告诉他们,价值观是一种处理事情、判断是非、作出选择时之取舍标准,是一种深藏于内心的准绳,是面临抉择时的一项依据。很有可能在关键时刻它是可以救命的护身符。如果有一天你的老板要你去做一些为难的事情或违背你的价值观,你至少可以说"不",或是炒老板的鱿鱼。

是的,做人最棒的是,我们可以有选择。

去留之间最忌拖拉

失去热情的时候，你应该开始改变。找出想去的方向，找出目标。

这年头工作难找，但是找到工作后坚持更难。有时候是你不喜欢这个工作，度日如年，但为了一份薪水不得不忍耐。有时候是公司的组织人事物换星移，让你不如归去。更有时候是你自己遇到了天花板，无法突破，想转换战场，让自己重生。不论你是什么理由，要留还是要走，想清楚，快快行动。要留，就调整好心态，再给自己一次机会好好表现。要走，就速速离开，或许还能觅得事业第二春。最糟糕的就是一直在留和走之间拖拖拉拉，犹豫不决，徒然浪费青春，也浪费公司资源。

我之前一位员工一直想嫁个好老公做家庭主妇，虽然她很优秀，但并不积极，工作从来就不是她的第一选项。所以她的男友外调到国外她就一颗心上上下下,无心工作,拖了一段时间决定辞职跟去。但是由于异地生活习惯不适应,加上与男友的恋情起起伏伏,没半年就回来了。但回来之后又念着旧情,无法安心工作,表现一直马马虎虎。这样前后拖了四五年之久,最后终究还是跟男友分了手,公司也请她另觅高就。无论工作还是爱情,果决一点或许还有斩获。

另外一个例子,是一位很有企图心却遇到瓶颈的中阶主管,他的能力总是无法再上一层,卡在原位一段时间没法升迁,对公司也有所抱怨。因为自尊心强,无法放下身段再学习,后面优秀的下属又急追上来,压力很大,于是对下属过分严苛要求,团队气氛很不和谐。他也是这样的状况,想走又不甘心,想留又充满了埋怨,犹豫不决,拖累了自己,也拖累了组织,最后在主管劝导之下调整心态才逐渐好转。

食之无味,弃之可惜,是最残忍的一种状态,它会腐蚀掉你的机会。因为工作难找,大多数的人都不敢轻举妄动,宁愿骑驴找马。但这样的心态很糟糕,自己不快乐,没有热情,也得不到成长。就算骑驴找马,也应该只是暂时状态,总不能一直骑着驴子,这样拖久了驴子也受不了。另一方面,你要找什么马?好的马没有好身手也驾驭不了。

现在从一而终地工作已是天方夜谭,所以企业也不奢求。但是若能面对每一次的职场机会,专注地做下去,试着找出自己的热情所在，享受工作的快乐、成就以及辛苦、挫折，丰富你的体会与经历，这些才是最宝贵的资产。失去热情的时候，你应该开始改变，找出想去的方向，找出目标。

当知道自己要去哪里，工作的感受和意义就不一样，热情就是这样开始燃烧的。去与留，没那么难，想清楚之后，决心而已。

Chapter
❸ 做老板的智慧

管事容易管人难。懂得要求又懂得激励的主管,真是管理者中的极品。

领导是组织气氛和谐的关键

> 面对问题时，领导一定要有技巧地引导双方谈话，或是引导到更高的利益上考量。就算不能一次到位把心结打开，至少先做到各自陈述立场的相互理解，再经过时间来完成磨合。

大多数的人喜欢和谐，厌恶冲突。因此在职场上大家都尽量保持表面上的和谐，尽管私底下暗潮汹涌，剑拔弩张，但是见了面还是伪装着笑脸。所以很多上班族都说，"好假，好累！"大家装着什么事都没发生，其实各怀心思，只是带了个假面具而已。到底在组织里应该要维持表面的和谐，还是要直面冲突，把话说清楚，化干戈为玉帛呢？

能够直面冲突，解开心结，当然是最好的结果，但最怕的是领导者的智慧或能力不够,徒然把问题掀开了,却无力解决,反而使局面更尴尬,严重者,反而连表面的和谐都维持不住。和谐是一种假设状态,大部分的组织一旦成长到某个阶段,就会有派系或冲突。冲突若不解决或是隐忍,早晚会爆发。此时领导者的态度就很重要,领导者若是倾向回避冲突,那么大家也就不敢去碰触问题。久而久之,问题便成不能说的秘密,大家虽然维持着表面的关系,但是团队的默契逐渐淡化,合作性降低,组织效率必定大打折扣。

但是面对冲突是需要勇气和智慧的,领导者在还没有决心解决之前,或许表面的和谐是必要的,至少不会搞得派系分明或是人人自危。真正要面对问题时,领导者一定要有技巧地引导双方谈话,或是引导到更高的利益上考量,就算不能一次到位把心结打开,至少先做到各自陈述立场的相互理解,再经过时间来完成磨合。

记得年轻的时候曾经因为一个项目跟同事当面起了冲突,后来主管出来协调,不分青红皂白,就说"你们两个人不论发生什么事,现在就向彼此道个歉,出了这个门不准再吵架"。这位主管不针对问题,不做引导,只要求形式上的道歉,各打五十大板,可想而知这是不可能让当事人服气的,我和这位同事并没有因为主管的调解而和好,反而心中更有气。后来是因为有机会再合作才慢慢将当时的误会解开,这中间也花了两年时间。

在组织里，仲裁者有时很重要，尤其对有争议的议题，主管应该有更高的高度来引导团队放弃己见，以组织的利益为考量。化解冲突、误解或门户之见，才真正展现领导者的智慧与威望。

请带着答案来找我

> 我要求员工来找我解决问题之前，必须
> 心里要准备好他的想法和备案。

在公司我采取"Open Door"的概念，我办公室的房门通常是不关的，我跟员工说，有事随时敲我的门。因为我知道我们的工作时常要做应变和危机处理，有时候我的一个判断或想法可以帮助员工少走一些冤枉路。可是也因为这样，我的时间经常被打断。有时候手上在忙一件事，必须中断思考，马上跳进另一个问题当中，而且要快速地回应，这对我也是一大挑战。

但是我最怕的是在时间紧迫的状态之下，员工给的信息不足，让我下错判断。尤其是回应一些细腻的人际关系，或处理客户抱怨的判断，通常员工会避重就轻，或是选择性地告知你正面的信息，以至于你可能忽略重点，或下错判断，没有在第一时间做最好的处理。所以到后来,我要求员工来找我解决问题之前,必须心里要准备好他的想法和备案,我不再轻易地给答案。

通常我会这样问,"这件事情是怎么发生的?""为什么会发生?""你做了什么处理?""我们还能怎么做才会使这件事情更好?"或是"如果你是我的话,你会怎么处理?"。在这个时候,我会站在团队的立场,帮他厘清问题,然后看他想如何解决,再给予适当的协助。这中间最大的差别就是由他口中说出来的答案,通常让他比较有责任感和归属感,他会觉得是自己的事,便会心甘情愿地去执行。有时候他自己已经有答案了,只是希望有个人背书,如果你的想法跟他一样,会增加他的信心,更知道如何处理事情。

管理上都强调好消息可以慢几天说,但是坏消息却是要在第一时间说,原因是可以给主管多一点时间处理,以免错失了弥补的时机。偏偏下属都是好消息抢着说,坏消息拖到纸包不住火了才来报告。所以当主管绝不能在听到坏消息时就暴跳如雷或生气,否则下属以后不是避重就轻,而是只讲好消息,那你永远都不会听到真话。所以不要在第一时间责怪对方,而是要把重心放在如何解决问题上。这样才有时间尽快厘清问题,尽早解决,责任等事情过后再来追究。

大部分的主管因为没有时间、没有耐性,所以通常直接给答案或下指令,这样反而容易训练出阳奉阴违或是不愿思考的下属。若能冷静地厘清问题,先不追究责任,让下属清楚说出缘由,然后引导他说出答案,才是最好的训练方式。

领导者永远是下属最好的导师与榜样。

"做跳蚤"还是"当大象"？

> "当大象"其实是每个要当跳蚤的人最需要的过程，在大象背上可以看得更高更远，当大象可以知道世界的广阔。

开一家公司容易，但经营一家公司很难！

设立公关公司的门槛低、资金成本不高，主要是靠人和专业，但困难之处也就在此。专业你会的别人也会，而人又是变量最大的。怎样做到一个有经济规模、有市场定位、有声誉、并拥有一流的客户群支持的公司，以能在市场上屹立不摇，考验着经营者的智慧与经营哲学。

创业时能有伙伴支持是幸福的，但好的伙伴却不好找。中国人能共苦却无法同甘的例子很多，而胸襟是个大考验。独资的好处是简单、不复杂、决策快速、有责任一肩当。然而公关毕竟是团队的工作,并需要大量知识、人脉资源,伙伴们的互补与支持是非常重要的。自从我加入奥美集团后,体会到丛林战与正规战的不同,见识到资深人员伙伴们的精彩与友谊,他们的人生经验与情感支持都是令我继续奋战的重要原因之一。

做生意难的并不是什么案子该接,而是什么案子不该接!在有舍有取之后,市场的定位才会成形。我创立"廿一世纪公关"初期,忍痛舍弃一些非科技相关的客户及案源,把收入往外推,看似愚蠢,却成就了"科技公关公司"的定位。

很多公关人员工作一段时间后都会兴起创业的念头,这并非不好,但是可能要想清楚"大象"与"跳蚤"的角色。很多人以为当了跳蚤,自由自在、无拘无束,赚钱多寡自己高兴就好,但是往往事情不如想象的简单。当有了客户后,就希望能长期拥有,拥有了又怕失去,于是就更加努力,小心翼翼呵护着得来不易的生意。对客户的要求更是丝毫不能怠慢,付出的时间与心血都比以前多,当初向往的自由自在、无拘无束不仅无处可寻,得失心反而更重了。因为在意,于是心灵更不自由。多少人可以在不赚钱或少赚钱的时候仍然平静快乐?就算平静快乐,还是得想办法让员工、组织成长。总之创业之后,无尽的责任将会如影随形。

"当大象"其实是每个要当跳蚤的人最需要的过程,在大象背上可以看得更高更远,当大象可以知道世界的广阔。大公司大集团里优秀的人才跟我们过招,让我们知道自己的渺小;取之不尽的资源与知识令我们衷心地臣服;有严谨的纪律与制度让我们更懂得自我管理；一流的客户让我们不断地练武……这都是跳蚤族望尘莫及的。当然，大象的缓慢和笨重是最被诟病的，因此一只会跳舞的大象是大组织所衷心盼望的。

我有一些员工后来学我，也步上创业这条"不归路"。当然，他们也慢慢尝到其中的酸甜苦辣而逐渐成长。但是我也看到在大象组织内历练、坚持而发光发亮的人才，慢慢释放着他们宽广的格局。

所以不论是选择哪一条路，总有他的出路，适合自己的路才是最重要的。

事必躬亲并非好主管

"事必躬亲"应限事业初期,以便在团队力量不足时确保质量管控。一旦建立团队后,就应该实施授权管理,让组织有自我学习与成长的机会。

刚做主管的人,最容易犯的一个错误就是"事必躬亲"。因为在还没当主管之前,我们就是凭借这样兢兢业业、负责到底的做事方式,才赢得了上司的肯定与青睐,并获得机会升任成主管。于是,我们就沿用之前的态度与做事方式,不仅自己忙还不够,别人做不完或做不好的事情也一并揽过来。到最后,却只落得自己越来越累、团队成员越来越懒的局面。

我公司一位表现优异的同事,升为小主管后就不再笑容满面,他每天被工作压得透不过气;可是团队里的其他成员,却可以每天早早下班。有一次,我找一个他的属下谈话,问他们为何不帮帮主管。得到的反馈却是:"我们做任何事主管都不放心,到最后我们只好让他自己做,省得一改再改或是等着他的批示。"这就是不懂得授权的主管遭遇的窘境。

其实,做了管理者后最大的变化,就是开始负有分配工作、并教导成员以有效率的方式完成工作的责任。我们不再是把自己的事情做好而已,还要顾及团队有效运作。不懂得分配工作、把事情揽上身,不懂得留空间和机会给属下、让他们发挥甚至犯错,属下就永远长不大,团队不会成长,而自己也只会累死都没人感激。

这些主管有个迷思,以为"事必躬亲"可以反映他的全心投入,也代表他对于事情细节得以充分掌握。然而从另外观点看来,也可能投射出他对于所领导的团队缺乏信任或信心,无法充分授权。在这一状况下,"事必躬亲"所造成的,可能是一个更为虚弱的组织。

当然,"事必躬亲"有其管理上的好处。例如充分了解团队成员表现,以及业务发展的每项环节,以便在最短时间内作出判断与决定。但是,主管的经验和时间永远是公司最宝贵的资产,判断是否要"事必躬亲"的前提,应该是有没有良好的团队以及组织系统。如果有,当然要充分运用团队力量、运用授权管理,让团队每位成员各司其职、发挥其长。

"事必躬亲"应限事业初期,以便在团队力量不足时确保质量

管控。一旦建立团队后,就应该实施授权管理,让组织有自我学习
与成长的机会。

忍一忍,观察而不插手,反而是管理者应该学习的重点。

学会授权，让我们看得更高更远

> 授权让我们自己自由，也让下属得到发挥的舞台。授权得好，并不会危及我们的职权，反而让我们得到威望及尊重，让我们看得更远更高，更像个巨人。

以前公司小的时候，只有二十几个人，我忙得跟只猴子一样。后来管到一百多人反而轻松得不得了。其中的奥妙就在于授权和制度。

授权这件事，不是说到就可以做到的事，尤其是刚当主管的人，好不容易才得到权力，说什么也舍不得放。我发现许多年轻主管就是不放心把事情交给下属，到最后就变成了凡事都包揽的"老妈子"，自己忙到死，下属却也不怎么感激。

我公司有一位非常优秀的主管，性子急，时常没有耐性好好地向下属说明事情的来龙去脉,在时间有限的压力下她更是帮下属把事情做掉,因为她总觉得自己效率高,三两下就做好了,下属一定感激她而且觉得她很棒。谁知道她的下属似乎不怎么领情,还觉得这个主管抢功,觉得自己跟着这个主管都学不到东西,因此心生抱怨。于是我鼓励他们好好对谈,把心里真正的想法说出来,最后这位主管终于明白她的好意只是一厢情愿的想法,自己剥夺了下属成长的机会,同时她的不授权还让下属误解成不信任。

其实很多人误解了"授权"的真正意义。授权并不只是把权力放给别人,而是学习减少干预、让自己做个有效的管理者;同时引导下属发挥所长、学习负责任,自己才能有时间做更重要的计划和决策。授权让下属去做,你就会发现下属远比你想象的还要尽心、卖力和能干!因为他们觉得受到了肯定和尊重。

"授权"的配套措施是"监督"。只要监督得当,授权就不会变成滥权。因此,好的领导者知道如何设定目标、衡量下属工作绩效;同时也知道如何激发下属发挥无限的潜能,引导团队达到目标。

另外,授权还有一点很重要的就是,让你不会卡在细微枝节的事情上,可以从容不迫地解决更重要的事情。卓越的管理者至少都有一个共同的特征:自信笃定、游刃有余,且事情在按部就班地进行中。这种特质被老板看在眼里,怎么会不好好将你升官,授予更大的责任呢?老板绝对不会找一位整天忙得团团转的人承担更多责任,因为他会觉得,这样的人已被现有的工作压得喘不过气来了,怎么还有空间去承担更大的任务?

授权让我们自己自由,也让下属得到发挥的舞台。授权得好,并不会危及我们的职权,反而让我们得到威望及尊重,让我们看得更远更高,更像个巨人。

员工里的"猎人"与"农夫"

"猎人"负责向外去找寻新客人或生意，
赢得订单以增加企业收入；"农夫"则是企业
忠实的生产制造与执行者，执行客户所需，以
建立客户信心与忠诚度。

一个健全的组织都必须要有"猎人"和"农夫"两种特质的员工。猎人负责向外去找寻新客人或生意，赢得订单以增加企业收入；农夫则是企业忠实的生产制造与执行者，提供好产品或好服务给客户，执行客户所需，以建立客户信心与忠诚度。这两种人在沟通传播业尤其重要，我们需要这两种人交互支持与互补，形成强力的客户服务网与永续经营的砥柱。

我年轻时当农夫的时间多，随着职务的上升，当猎人的时间相对地增加了。当农夫时，培养自己了解客户的产品、作业流程、经

营理念并与客户建立革命情感。当猎人时,我锻炼自己敏锐嗅觉,分析外界环境竞争的状况,拟出策略,带领团队征服猎物。我自己很享受当农夫与猎人之间的平衡。

好的领导人通常都拥有这两种特质,只是比例多寡的问题。好的领导人同时也能善用或启发员工这两种特质。有的人,闻到猎物就特别兴奋,能够很精准地在对的时机,用对的方法,快速擒得猎物,拿到订单。也有的人,很享受精耕细作的乐趣,把合约内容严谨地执行,花时间把客户服务做好,培养双方信任与默契,以客户的成就为荣耀。概括地说,农夫为了现在的生存而奋斗,猎人为了更美好的明天而征战。双方互相搭配形成强而有力的组织链,这是最完美的结合。资深的人员多多少少都得具备这两种特质才能服众。不可否认,猎人捕猎回来时的欢呼声是很激励人心的,但是领导人必须对这两种特质的人同样感激与鼓励,不能让镁光灯只停留在猎人身上;否则,公司的质量平衡度会下降。

一间公司如果是猎人多而农夫少,则会产生案子的战胜率虽然很高,但是内部消化不良、生产质量不好,反而容易在声誉上受损,影响客户的续约力,最终难免落入不断地猎取新生意才能生存的恶性循环。反之,一间公司如果是农夫多而猎人少,则会太过于安逸,可能会限制公司的发展性,无法掌握成长的契机。

因此,猎人和农夫的比例要恰当,主管级的人最好可以是猎人也可以是农夫,随时扮演所需要的角色,这样才能活化组织,减少人事负担。

看见每个员工的优点

通常,人会因为别人的正面期待而变好,
当他的优点被看见了,他自然不愿辜负期望,
而产生动能,自动向上提升;而缺点自然也会
被他自己唾弃并改进。

只要是人都有优缺点。有的人眼中看见的尽是别人的优点,
因此赞美。有的人眼中看见的尽是别人的缺点,因此抱怨或指责。
前者的人际关系如鱼得水,人人喜欢接近;后者则惹人生厌,人人
避之唯恐不及。

只看见缺点,令人沮丧挫折,要改正更难,所以渐成缺点。看
见优点比找出缺点更具有积极意义,使人产生战斗力与活力。根
据统计,人花在改正缺点的力气比其发挥优点的力气要大得多,但
却效果不彰。

如果你专注看到他的优点,赞美他,他会做得比你想象得更好。相反的,如果你只看到他的缺点,指责他,他则会挫折感加深,不知所措。因为人总是喜欢被欣赏、被赞扬。自尊与自信会激励他更努力,以不辜负你的期待。但把精力放在改正缺点上,则事倍功半。如果是人才,倒不如把他放在可以发挥所长的地方,而不是放在一个容易凸显他缺点的地方,人前赞美他的优点,人后督导他改正缺点,这样他对公司的贡献绝对大于后者。

我有一前任员工,幽默有教养,总是笑脸迎人,人际关系良好,是个天生的外交官人才,有他的场合欢乐无比。可是在工作上他总是少根筋——打字慢、记忆力不好、不积极、凡事好像无所谓,可是奇怪的是,客户都喜欢他。他的主管跟我抱怨,已经讲过他好几次了,但是他还是改不过来,主管越来越挫折,当事人好像也越来越不快乐。

我跟主管说,你再继续看他的缺点,有一天他会被你逼走。如果你希望他发挥战斗力,就看他优点。主管后来想通了,调整他的职务,让他好好专心照顾几个大客户,后勤的打字、报表工作由助理处理,于是这位同事表现越来越优,后来升为主管之后,责任心使然,原本动作慢、不积极的毛病都不见了。

我的意思并不是要求人不要改正缺点,而是要暂时忽略他的缺点,先看他有什么优点,然后好好引导他发挥优点。通常,人会因为别人的正面期待而变好,当他的优点被看见了,他自然不愿辜负期望,而产生动能,自动向上提升;而缺点自然也会被他自己唾弃并改进。

　　自己发愿改进的力量远比被逼着改正的力量要大太多了,相信你我都有此经验。

爱你的对手

> 吊诡的是,我们痛恨竞争对手;但往往是对手照耀了我们的生命,使我们丰富、进步、奋发向上。当有一天恩怨情仇走远时再想想,生命中能够出现可敬的对手,其实是一件美妙的事。

在武侠小说里的世界,经常出现一种英雄人物,武功高强但孤独成性、不与人往。他们终其一生都在寻求可以论剑、平分秋色、值得一战的对手,甚至把自己外号取成"独孤求败"。他们心里明白,没有对手是一件多么孤独的事情,前无英雄可以追寻,后无追兵可来挑战,这样的人生有何意思? 等待可以一争高下的对手,竟成为一生最大的期盼。

我的儿子在读小学时很被动,总是不专心念书,成绩还算是差强人意。班上有一位女孩是永远的第一名，两个学期下来，她从没有考过第二名。不知为什么，这突然激起了我儿子的战斗力，他最大的心愿不是考第一名，而是希望超越那位女孩。

从此，他在念书上有了一个很有趣的动力，一直努力，完全不需要父母的督促了。虽然小学六年毕业，他还是没能超越她，但是我儿子却变成了后来永远的第二名。而进入中学以后，这个目标消失了，他又恢复了原来的懒散。可见，这位可敬的对手在我儿子的小学阶段发挥了多么重要的作用。

在商业上，竞争对手有两种。我们先不论那种以不正当手段竞争，放小道消息伤害对方，步步险恶，逼对手毫无生存余地的恶质竞争对手；我们要谈的是正派优质竞争对手，他们和我们一样正派经营，战战兢兢，为产业打造一个美好的未来而努力。只是大家在不同的阵营，必须在市场占有率上论高低。在与这些对手的竞争中，有不服输，督促我们不能懈怠，好还要更好；也有尊重，让我们看得更远、更高。像可口可乐与百事、耐克与阿迪达斯、台积电与联电等企业间的竞争，都让这个市场充满了精彩创新的故事与成长的生机。

有时，竞争对手会让我们恨得牙痒痒，于是有人说："既生瑜，何生亮。"但是再想想，若两人不是同时存在，恐怕三国里的故事不会这么好看、令人玩味；而其中任何一个人的名声，也都不可能如此闪亮。吊诡的是，我们痛恨竞争对手；但往往是对手照耀了我们的生命，使我们丰富、进步、奋发向上。当有一天恩怨情仇走远时再想想，生命中能够出现可敬的对手，其实是一件美妙的事。

相信直觉

> 当一件事迟迟无法下决定时,或是心里没有很舒畅的感觉时,一定是一种征兆,告诉我事情不是我想得那么简单,要多想想其他的方案,或是缓些时候再决定。

我们在很多情况下,意识到某些事情是怪怪的,但又说不出来任何原因。此时我们的大脑已经悄悄地送出了警讯,直觉告诉我们"有地方怪怪的"。这时候我们必须停下来,先不要下决定,沉淀一下,想想这到底是怎么回事。

许多研究报告指出,相信一个人的速度之快,往往就发生在一瞬间。有时这对那些轻易付出信任的人是危险的——那也就是为什么骗子得以生存。然而,直觉的本能的确有助于我们应付错综复杂的人生,我们的直觉非常敏感、具有鉴赏力以及高精确度的判断力。它并不是纯然的一种感觉,可能也掺杂了我们生命的经验轨迹,有时还真的能让我们化险为夷,作出正确判断。

我有一位朋友在多年前想要扩展事业,找了一家公司谈合并案。在双方相谈甚欢后,对方邀请我朋友去参观公司,在参观公司的过程中,朋友发现这位老板在员工面前不苟言笑,员工十分惧怕他。当初只觉得这位老板很威严,感觉怪怪的。最后合并案迟迟没有决定,不了了之。

事后,我朋友以为是自己龟毛,但是经过他的伙伴分析之后,他才知道这结果是直觉下的必然。我朋友自己是一位崇尚自由的企业主,公司管理的形态非常民主,员工各自分工自动自发。这分明跟对方中央集权式的企业文化不符,倘若贸然合并,一定衍生许多问题。因此我朋友迟迟不能决定是因为直觉系统启动的缘故。

我在招聘人的过程中也经常有这种感觉:往往对方的资历、学识都很丰富,但是总是因有些地方而下不了决定。有好几次说服自己不应该这么敏感,用人应该看他的长处,不要鸡蛋里面挑骨头。可是事后都证明,勉强用的,到最后都还是出问题,小则工作不适应很快就辞职;大则阻碍公司的发展,对公司组织造成极大的伤害。

因此,后来我的心得是,当一件事迟迟无法下决定时,或是心里没有很舒畅的感觉时,一定是一种征兆,告诉我事情不是我想得那么简单,要多想想其他的方案,或是缓些时候再决定。会让我下不了决定的,一定是不能轻下的决定。

直觉可能是我们的警报系统,在危机时保护我们,不可小觑。

乐意当个服从者

> 有时候,我就乐意当一个服从者,在一个
> 强有力的领导和既定的政策下,追随指示,悠
> 游自在,享受"大树底下好乘凉"的快乐。

前些日子跟一伙朋友们到九寨沟、丽江、大理等地旅游了一趟。我们一行共有十八个人,其中百分之九十是企业家、老板们及眷属。可想见,这群人可不是好伺候的群体。于是出发前,我们推举的队长三令五申:大家一定要集体行动,并且服从大多数人的意见。还好一路走来,我们笑声连连,相互照顾;中间尽管也有些意见相左的时候,最终还是以愉快的行程与美丽的照片收场。

能够有这样令人难忘的结局,其实主要归功于队长一路上展现了绝佳的领导力,以及队员们的一致服从。老实说,这群企业家都是见过大江大海、也深知该如何作判断及下指令的人。能够一

路上乖乖听话、不自作主张、放下自己的喜好来配合队长指挥,实属难得。其中一个队员说得好,如果我们都把办公室那一套老板气息搬过来的话,这一团就有七八个不同的指令了,到时候可能意见一箩筐,伤了旅游质量又伤了和气。

当有一个公认的领导者出现时,其他人学习当一个服从者也是一种智慧。很幸运的是,我在这个过程当中,学习到这几位企业家的智慧与态度,知道节制的重要,唯有节制才能让这个旅行画下完美的句点。若将这样的情节搬到职场上,我们可以见到,很多企业的无效率就是因为多头马车式的领导,导致力量互相拉扯没有结果。尤其是跨组织部门间的协调,若没有一个强而有力的协调中心,则下属不知所措,俨然一场内部灾难。

学习服从,恐怕是新一代最困难的学习。由于现代潮流讲究的是个人主义与"勇敢做自己",所以"服从"就变成了老掉牙、没人再提起的精神了。然而,"服从"的内容在经领导中心确认后,便需执行下去,尤其是在一些无关紧要的枝枝节节上,真的不需要太多人的意见。除非这个领导的方向错误或犯了重大疏失,否则,乐于当个服从者也是一大福气。

对于经常发号施令的人而言,学习服从可能是一件很遥远的事;但是有时候,我就乐意当一个服从者,在一个强有力的领导和既定的政策下,追随指示,悠游自在,享受"大树底下好乘凉"的快乐。因为我知道,这个领导者已被授予责任,往目标前进;而我最大的任务就是全力配合推动政策,让事情顺利达阵。

学着撤退

> 有时撤退并不可耻,只是暂时的沉潜,等
> 待时机再出发。保留实力才有东山再起的机
> 会,否则硬撑到筹码输完了,就什么也没了。

　　进攻容易撤退难,经营企业也如此,人们总是知道如何进攻,却不知如何撤退。不懂撤退可能全军覆没。知道适时撤退得以储蓄能量、伺机再动。在这波不景气中学习如何撤退,持盈保泰是很重要的。

　　观察下来,在 2008 年这次金融海啸中受伤较轻微的,反而是那些保守的个人或企业。我的一个朋友在去年大家开心庆祝"520行情"不久,卖掉手上的持股,撤回所有投资,成为这次风波中最持盈保泰的赢家。我问他为何如此神算,他回答巴菲特那句名言:"别人恐惧时你贪婪,别人贪婪时你恐惧。"之前,他曾在网络泡沫

之际,输掉了所有的积蓄。因此,之后的投资让他谨慎小心。2008
年的荣景,让他觉得这样欢乐的气氛好似当年网络泡沫之前,从而
心生警惕,作此决定。他就是从一次失败中记取教训而知有所撤
退的人,在大家还在犹豫之际,赢家总是先作了决定。

我早期创业的时候,给自己立了两个原则:第一,不能欠员工
薪水;第二,不跑"三点半"(三点半是早期银行支票兑现的时限)。
因为我不想为这些困扰,影响我在业务上冲刺的决心。在银行中
绝对保留至少三个月的营运成本资金,做最坏的准备,我才放心。
有一位朋友笑我这样做生意太保守,没办法做大,利息低的时候不
向银行借款,简直是笨蛋。但是,不想举债经营的观念让我得以无
后顾之忧地往前冲,不管外面景不景气;也因为这个信念,让我在
创业的过程中渡过了网络泡沫、SARS等无数个不景气的危机。

笑我笨的那位朋友,在行情景气的时候大量向银行贷款投资,
曾让他享有随心所欲的人生。因此,他认定一定要冒险才能致富,
保守的投资方式曾让他嗤之以鼻,金钱流动率一定要高,才是聪明
之策。谁知不景气时,他一时转不过来,结果以债养债,生意被迫
缩减、裁员,元气大伤,到现在还在为钱银周转而苦。

人在意气风发的时候总是胆子加大、信心十足,希望快速复制
成功,让获利加倍成长。因此,有很多创业家原本本业都经营得非
常出色,却败在过度投资或其他不相关的事业上。太多的案例告
诉我们,历史一直重演,但还是浇不熄人类一颗贪婪的心,直到无
路可退。

　　有时,撤退并不可耻,只是暂时的沉潜,等待时机再出发。保留实力才有东山再起的机会,否则硬撑到筹码输完了,就什么也没了。

让我们赌一局吧!

人才就是我们的资产,一旦人才流失,这家公司的产品、声誉及气势都会渐渐失去光辉,很难挽回。

2009 年对企业界而言,绝对是最具挑战的一年。从无薪假、裁员到缩编,每个组织或多或少都面临了不景气的冲击。在这段时间里,领导者的意志力与决断力,决定了组织未来的发展。

我的一位大学同学在外企的分公司担任董事长。年初,公司丢了一个非常大的客户。她在总公司的压力下被要求裁员,目标是将原来服务这个大客户的整个团队都裁掉。这位董事长非常愤怒与难过,在与总公司求情与周旋未果后,她决定赌上一局——用她的仕途与职位。

她飞到总公司与她的主管谈判:"我在这公司奋斗的十几年,有没有一年没有达成目标过?"那位主管摇摇头。她接着说:"既然如此,你如何知道我今年不会达成目标?"主管遗憾地表示,这是总公司的政策与决定。

于是,她拿出自己的辞呈说:"让我们来赌一把好吗？这是我的辞呈,签好了年底的日期,我用我在公司十几年的声誉与成绩做背书,用我的辞呈来赌,希望保留整个团队,如果年底没达到成绩,你大可把辞呈签了,以表示我的负责。"在她强烈的意志力与决心作用下,这位主管最终接受了这一约定。赌局双方,是二三十人八个月的饭碗,对上当年度的业绩目标;筹码则是一纸辞呈。

为何这位董事长敢赌?因为她在乎。她了解台湾市场、了解团队实力、了解目标,虽然挑战大,但团队在、士气在,目标就有机会达成。相反的,团队一旦瓦解,景气再怎么回复,业绩也回不来,就会一蹶不振。

做我们传播业的人都知道,"人才"就是我们的资产,一旦人才流失,这家公司的产品、声誉及气势都会渐渐失去光辉,很难挽回。企业贸然裁员缩编,没有长远规划,将是企业衰退的分水岭。

年底时,我很想知道这场赌局的输赢,于是邀请她吃了一顿饭。她高兴并半开玩笑地说,饭碗保住了。这位董事长的有情有义,激发了工作伙伴的情感与团队的向心力,让大家愿意继续奋斗。她在关键时刻挺身而出并牺牲个人利益,可谓是有担当的领导者。我为她高兴,并庆幸这样的结局。我相信就算赌局失败,至少团队都有"这场美丽的仗我们打过"的无怨无悔吧！希望这个案例提供给企业领导者多一点思考的空间。

缩小自己，放大别人

　　许多有成就的人都是非常谦虚的。他们
承担责任，却将荣耀归给团队或他人。他们
了解在失败的时候要挺腰，在成功之时却要
弯腰。

　　有一次以前老同事回来看我，讲了他这几年在外奋斗成长的
心得。他说年轻的时候总希望自己被看见、被发掘，常自叹千里马
遇不到伯乐。后来机会来了，有了舞台要好好发挥，却因光芒外露
遭人忌。他感慨说，做人真难，问我要怎么做才能圆满。

　　面对这种人生问题，我送了他八个字："缩小自己，放大别人。"
诚然，他通过这些年的努力，已经渐渐在事业上崭露头角；但一直
以来，他因自己资质聪明、自我要求甚严，加上完美主义，就对资质
不够的部属没耐性，一心只看着目标前进，与目标不符的事情，都

被他视为浪费时间,也认为自己的努力换来的一切都是应该的。他的成功我是早可以预见,但是能否持久,就得看他的态度了。

人在没有舞台的时候,总是战战兢兢地争取上台的机会,那时态度总是谦虚求教的;上了舞台,掌声听习惯后,有段时间会不自主地放大自己,以为自己理所当地应该得到这些掌声,于是挡住了别人的聚光灯,压缩了别人表现的机会,在别人眼中就会渐渐变得碍眼。

我早年做事的时候,公司有两个部门的主管都非常优秀,同是"明日之星"。但这两位在跟总经理报告时的重点迥然不同。其中一位 A 君总会跟总经理报告,他多么用心经营这个客户,如何用策略的方法才抢下这个订单,搞定这个客户。而另一位主管 B 君,总是把功劳归给团队,告诉上司这些人做了什么,如何合作才完成这个项目,让总经理认识他的团队。A 君的团队常被 A 君数落,似乎总也无法达成 A 君的要求;而 B 君的团队士气高昂、向心力极强。最后总经理要从两位中拔擢一位为副总时,选了 B 君。总经理说得好:"我要的不是英雄,我要的是一位能领军、能作战,而且深得部属爱戴的将军。"

通过多年来的职场观察,我发现其实许多有成就的人都是非常谦虚的。他们承担责任,却将荣耀归给团队或他人。他们了解在失败的时候要挺腰,在成功之时却要弯腰。"缩小自己,放大别人"不是委屈,反而是自信的谦虚。

说对话，得人缘

> 做了主管之后，渐渐发现我那"有话直说"的个性讲好听是"直爽"，其实背后是自私与没有同理心。

我年轻时个性冲动直爽，常因逞一时之快，话到嘴边就一定得脱口而出，不说不快，明明知道那说出来的话一定伤人，但还是挡不住自己的冲动。最后除了刹那之间的一个"爽"字，大概什么也没有获得，得罪了人不说，事后空留遗憾。当然年纪渐长，个性修炼不少。尤其做了主管之后，渐渐发现我那"有话直说"的个性讲好听是"直爽"，其实背后是自私与没有同理心。这样的个性，让我早期在领导与经营事业上踢到不少铁板。

还记得十多年前的一次经管会议中，由于我不能体谅其中一位主管因家里事务耽搁，没把项目准时交付，导致客户抱怨，就在会议上责怪她;又见她一味地解释推脱,我很不耐烦,脱口而出:"你领比别人多的薪水,就应该负多一点的责任。"没想到这句话刺伤了她的自尊,会议后,一张辞呈就在桌上等着我。只因我的鲁莽以及没有同理心的言论,即使事后跟她道歉、解释自己并非恶意,最终还是没有挽回一位优秀的主管。一张快嘴,无事惹尘埃!

另有一次,一位客户在谈判桌上说了一些质疑公司的话。我一气之下就请她"另请高明",之后果然与这位客户再也没有合作的机会了。纵使她后来跳槽到另一家公司负责营销,成长几年后也变得更加通情达理,但是因为之前的心结,我们却无缘再合作,实在让人扼腕。

话说出口,覆水难收。尤其当双方都把话说死了,就连台阶都没得下了。如果我当时多体谅那位主管的处境,不在会议中责怪她,而是询问她需要什么样的支持来达到客户需求,或许我就不会失去一位人才;而对上述那位提出质疑的客户,如果我当时能意识到她其实是想与我合作、希望我可以厘清她的疑虑而已,我一定会耐心与她解说。

话一旦说错,要化解嫌隙,还得靠时间和机缘才行,真是得不偿失。学习做人的道理,应该从说话开始。说话时有没有洞察到对方原本的动机,自己有没有预设最后的结果,都是一种智慧。

留点距离，让我们更近

> 职场上的距离要拿捏好，上司与下属没
> 了距离，就无法好好工作，这样工作效率和质
> 量怎么可能好？

以前公司有一位主管，期许自己要有亲民的形象，并且相信部门团队要感情融洽，才有助于团队表现。于是她采取的方式是与下属零距离，公私都尽量介入。甚至下属的家庭、感情，她也都介入调停或给建议，以为这样下属可以把她当姊妹看待，忠诚度也会提高。结果没想到一年之后，几位下属纷纷离职。她慌了，来问我她哪里错了。

我大概知道原因，但我还是问了要离开的那几位同事的感受。其中一位说，我们承受不了她"关爱的眼神"，尤其觉得在工作上好像是我们欠她的，情感压力太大，无法承担。另一位说，有时自己

会分不清,她到底是用主管的身份还是用姐姐的身份跟我说话,自己对她的分寸也很难拿捏。还有一位说,上班已经很累了,其实真的不希望连感情的事还要跟主管分享,我无法和她像朋友一样很轻松地聊天,还是觉得有压力。答案显然清楚,那就是:公是公、私是私,主管和下属还是要保持距离比较健康。

"留点距离,让我们更近",这句多年前的广告词写得真好。距离创造的美感,相信我们都有经验。可是往往我们因为希望靠得更近,所以天天黏在一起,没有给对方留点空间。很多恋人和夫妻都是如此,结果反而爱就快快地走了。难怪有人说"小别胜新婚",指的就是距离的魔力。

职场上的距离更是要拿捏好,上司与下属没了距离,就无法好好工作,这样工作效率和质量怎么可能好?上司和下属之间还是保持一点神秘感较好。一方面,留点空间让下属发挥,不要紧迫盯人;二方面,亲疏远近有所依据时,工作目标、任务就容易达成。

其实,同侪之间也应该保持一点距离,不要因为有"革命情感",把公司与私事都全部分享。虽然这样很容易有亲密感,但派系也是这样无形中形成的。大家同仇敌忾,发泄了情感,但是一旦组织任务有利害冲突,则就很难中立或秉公处理了。若有一方认知不对,也容易伤情。

当你位子越高,越不可能在公司内交到真正的朋友。这是职场伦理上的分寸,以利组织目标,"高处不胜寒"就是高管的代价。

难以割舍的革命情感

看着员工快快乐乐地学习、成长，陪伴他
们从懵懂到专业，从青涩到成熟，竟是我待在
公关公司的动力，也是我最难割舍的情感。

岁末是适合反省与感恩的时刻。

回想在公关产业的十多年来，虽然沮丧、难过的时刻不算少，
但是温馨、振奋的时刻却更多。公关这个产业，是人与人联结非常
紧密的行业。对我而言，没有伙伴们一起并肩作战，这个行业就显
得没有意义。我观察新来的同事，在团队待个一年半载，革命情感
就很自然地产生，甚至黏到晚间不想回家。

去年曾有一位离职的同事，到办公室来请我帮她写申请美国
研究所的推荐函。才没聊两句，她就泪眼汪汪地说道："老板，我终
于知道，能有个固定的工作是件很幸福的事。虽然我每天可以睡

到自然醒,但很没意思。到图书馆念书,没人可以讲话;走在路上看到有趣的东西,没法打电话给同事分享心得,怕打扰大家。现在好想念以前跟同事在一起的日子。"我搂搂她表示:"心意定了就往前走,不要一直回头看。立了目标就试着去完成,我相信有缘的话,时机到了就会再相聚。"

去年年底,公司终于找到空档,举办了早该办的公司旅游,到马来西亚沙巴共度 4 天的特别假期。当时有位男性员工带着女友同行,心底盘算着应该如何向她求婚。无奈这位同事害羞又古板,不敢表白,当场急坏了整个团队的同事。于是大家又"职业病"发作,为这位男同事设计了一场世纪超级特别的求婚秀。在柔和的月光下、营火熊熊的沙滩上,道具、场景、台词、仪式、音乐、表演团体面面俱到,感动得准新娘落了泪,满脸幸福地猛点头答应,其他女同事也哭成一团。

大年初一那天,我带福建福州市的市长参观办公室。没想到奥美公关的一票同事都在加班。他们高兴地看到我,眨眨眼睛说:"我们来做客户危机处理,不用担心,你去忙吧!"福州市长看到员工的投入与专业,印象非常深刻,赞赏之余马上邀请我们帮他们政府官员上课。

今年年初国外讲师来台,为奥美集团下辖的两家公关公司上了两天密集的创意训练课程。两家公司的同仁们互相交叉在一起做 workshop,最后团队编排出来的创意简报异常精彩。大家互相激赏、竞赛、鼓励,脑力激荡出了可贵的火花。

员工小芬一直有个心愿，希望能休假去做义工。最近她终于下定决心请了一个礼拜的假。知道客户可能会不高兴，全组同仁自愿义务帮忙，把她的工作分配好，加班的加班、向客户报告的报告，团队合作让客户丝毫没有感觉到小芬的缺席。当小芬一个星期后高高兴兴回来，团队在门口热烈地拥抱她归队。

这些点点滴滴，每天发生在我的周遭，成为陪伴我的动人乐章。原来，看着员工快快乐乐地学习、成长，陪伴他们从懵懂到专业，从青涩到成熟，竟是我待在公关公司的动力，也是我最难割舍的情感。

快去快回

> 为一些好员工留一扇回家的门,是双赢的策略。然而这扇门却需要公司及主管们宽大的心胸来包容。

我们这个行业的离职率特别高,有两大原因:工作时数长,以及压力大。而员工大多是 30 岁以下的年轻人,在这年纪很难从一而终,所以来来去去的案例特别多。有的离职后在外面历练了一段时间,还是觉得公关公司的工作富有挑战性而回来工作。这对随时缺乏资深人才的公关公司而言,不啻是另一种人才回流的途径。然而,要形成这样的正向循环,却需要公司与主管平时所展现的"善缘"。

我听说,有些公司视那些想要离职的员工为"叛徒",令许多优秀的人才无法"回娘家"而转战其他公关公司,其实是公司的一大损失。难怪有些员工在离职之时，总是戒慎恐惧地问我，以后可不可以回来走走，或是以后有没有机会再合作。而我总是回答："快去快回。"我不怕公司没有位置，只怕你不够好。

其实那些资深主管会有那样的反应，大多也是因为有过"一朝被蛇咬"的经验：有的员工去了竞争对手处，有的在主管最缺人手的时候离去，造成了主管的"心寒"。但是另一方面，离职员工当初之所以选择不事先沟通，大多是觉得说了会被骂或被另眼对待，当然没有勇气与智慧说真话。双方没有真诚的沟通，造成了嫌隙，自然就多了一份遗憾。要能好聚好散，就得主管及公司先展现大气——真心祝福离职员工前程万里，感谢他们曾有的贡献。员工一定会感念在心。在善缘之下，离职员工比较能诚实地面对自己，说出自己离职的真正原因。双方的成熟，势必保留着再相聚的机缘。

我了解很多年轻人离职的原因大多是工作到一半卡住了，或是找不到目标，或是找不到热情，需要换一个环境去唤回自己的动力继续成长。所以，为一些好员工留一扇回家的门，是双赢的策略。然而这扇门却需要公司及主管们宽大的心胸来包容。而好的人才也需知道，在外成长以及和老东家建立良好关系，才能为自己多开一扇门。

最近，有位从前的老员工回来找我聊天。当初他离职是顺从父亲的指令，要回去承接家业。他到东南亚及中国大陆跑了大半年，看到了不同的长辈以及做事的模式，虽然眼界大开，但他还是钟情于公关产业的挑战性与专业性。他决定要出国念个好学校，把知识的底子建构起来,希望未来还是有机会回到公关业再效力。我的回答还是那句老话:"那就快去快回吧!"

不要在伙伴间挖角

> 被挖角的员工固然是优秀的人才，但在不对的时间离开，反而坏了个人未来在职场上的声誉和人脉。

最近，我得知公司的一位长约客户准备挖角在我公司负责服务他们团队的一名项目人员，心里非常不舒服。这又是一个职场道德的灰色地带：在台湾，多数企业不尊重合作伙伴的人才养成，随意挖角，便宜行事，真是对忠实伙伴关系的一大伤害。

在跨国的契约中，经常会规范客户和代理商之间人员的游戏规则。就我多年来与客户订定的许多商务合约，有一条尤其让我印象深刻，那是客户给我的合约中有一条约定："两造双方不得在合约期间或合约结束后半年内进行聘雇对方直接窗口或服务人员。"这项规定，令我对这家客户肃然起敬，并在签订合约时，询问他们对这条规定的想法。这位负责人说："我重视伙伴关系,我希望我的伙伴成长。他们拥有最好的人才,才能帮助我提升竞争力。我不会挖我的代理商人才,同时我也不希望代理商挖我的人才。"他同时表示,在跨国合约中,清楚界定这样的竞业条款是非常必要的。否则,有谁敢把最好的人才放在重要伙伴的联系窗口呢?

说实在的,这样的客户真是让我铭感五内。因为客户与代理商在合约期间互不挖人才,是一种伙伴关系的尊重,是信任基础的开始,也是我们资深人员能对整个台湾传播产业所能做的微薄贡献。但是这条路还很长远,经过多次的痛苦经验,我们还是决定把这样的条款放入客户合约当作基本条款,提醒客户得注意。倘若因为这个条款而不愿签约的客户,我们也只能尊重并予放弃。

以前,我们代理商遇到客户来挖角,主管的心里大多很受伤,感觉被背叛。但是碍于客户关系,又不好撕破脸,到最后吃了闷亏也不能如何。可是从那刻开始,与客户的伙伴关系以及对该名员工的印象,已经发生微妙的质变。这种质变让双方的信任感降低,合作起来不再水乳交融。

被挖角的员工固然是优秀的人才,但在不对的时间离开,反而坏了个人未来在职场上的声誉和人脉。其实如果要跳,最好的时机是等到合约结束半年后,再到客户方。如果你是优秀的人才,不用急于一时,对方会等,老东家也会加以祝福。

总之,不如等时机成熟,让自己离开的身段优雅从容些。

Chapter
④ 回首来时路

懂得自我反省的人,最大的回馈就是不断地成长与进步。年纪愈大,收获就愈多。"虚怀若谷"将是有自省能力的人的最终面貌。

不要留在舒适区

创业这十年的成长、见识超乎自己的预
期,令我享受着苦尽甘来的自在。现在想来,
真要感谢自己当年放弃了舒适、听从内心声
音的勇气。

人生真是一段奇妙的旅程,我会创业这件事情,并不是在计划
之中,结果却走出了人生意外的风景。

创业,是一条看似浪漫却艰辛的旅程。成功之前,是心灵最不
自由的一条不归路;然而成功之后,却又享有了财务上以及生活上
的至上自由,真是奇妙。

我在创业前的一份工作,是在当时台湾最大的一家计算机主
机板制造公司上班,负责全球营销企划业务。当时这家公司业务
如日中天,上市前的股价已被喊到一股上百元。在这个以男性为

主导的产业里，我是公司里唯一的女性主管，掌管公司形象、广告、公关、参展、文宣品等软性事务。钱多、事少，加上有一个优秀的团队一起共事，实在是人人钦羡的工作。那时候预算充分、人事自己编列、协力厂商极尽巴结，真的是舒适得没什么好抱怨的。但那时，我却隐隐觉得有危机感。我的不安分因子开始作祟，不想就此在温室中舒服地"死去"。

于是我很快辞掉了工作，把手上即将上市的千万股票还给公司，冒险去也！那时候，家人及身边的朋友都骂我"头壳坏去"。因为当时经济极不景气，我却完全没有"骑驴找马"。结果马没着落，驴也跑了。奇怪的是，当时却一点也不害怕，置之死地而后生，总觉得上天总会给人一条出路。

我本来为了让时间更有弹性，开办了工作室，希望可以一边兼顾小孩，一边赚钱养家。岂料一做下去却没完没了，原本以为生活可以更自由，却没想到创业的责任感逼着你更卖力地工作，工作时间变成"7－11"还不够，连睡觉时想的都是客户与企划案。不仅时间没有了弹性，连心灵都被工作占据了。但很奇怪，这样没日没夜的努力却也心甘情愿，自己主导自己的快乐。

十多年来，创业带给我的冒险、惊喜、挫折、辛苦、学习、成长，真是不可言喻。这十年的成长、见识超乎自己的预期，令我享受着苦尽甘来的自在。现在想来，真要感谢自己当年放弃了舒适、听从内心声音的勇气。

舒适区就像一贴甜甜的毒药，让我们不知不觉地沉溺在其中。

时间久了,就会悄悄侵蚀我们的"健康",惊觉时已无法再闯荡江湖。太舒服的人生缺乏起伏,不要贪图一时的享受而停滞不前,让我们的人生风景多一点挫折与惊喜,才能拥有丰富变化的景致!

工作轻松不该是职业选项

> 不要因为轻松而工作,找出你的兴趣、你的动力,找出你的渴望,唯有这些元素才能驱动你的热情,全力以赴。时间到最后会反馈给你一个丰富而不悔的人生。

一位年轻学子在我一场校园演讲中提问,有朋友建议他先到公关公司历练,然后再跳到客户端工作。我问为什么,这位同学倒是说得坦白,因为当客户比较轻松,而到公关公司可以学到比较多的东西。我感谢这位同学的诚实,他的话的确道出了大多数年轻人的心声,也证实了公关行业的艰辛以及员工流动率居高不下的原因——很多人只是过客,客户端的工作才是终点。

在现实面前,这位学生或许没有错,但是这样的思维其实对年轻人是很危险的。

如果你选择的工作是以轻松为考量,那恐怕要失望了。现在的工作很少有轻松的,就连铁饭碗的公务人员也都要战战兢兢地工作来突显自己的竞争力,没有企业主是想请员工来轻松工作的。如果心里想的是如何轻松地工作,那你在职场上难免会怠惰,混水摸鱼,工作表现怎么可能好? 如果你已经设定公关公司是一个跳板,这样的工作态度怎么会有机会得到客户的赏识,在市场上建立自己的知名度?

工作没有捷径,只有证实自己的能力才能立足。比利时曾经有一份杂志,调查六十岁以上的老人,问他们最后悔的一件事,其中占第一名的是,年轻的时候不够努力,以致于一事无成;第二名则是选错了职业,错误不在选择了什么职业,而在于选择了安稳。安稳使他们胆小,使他们害怕冒险,放弃自己的梦想。没有了压力也就没有了动力,没有了动力也就发掘不出潜力,因而年老之后后悔不已。

如果你不是诚心向往一份工作,你不是真的对这个工作有兴趣,只是贪图舒服、轻松,这样的思维很危险。因为你不会有动力在工作上全力冲刺表现,难免会被动、拖延或便宜行事。有这样的工作态度,再怎么工作轻松,也不会有成长的机会及成就感,其实真正浪费的是自己的青春。

不要因为轻松而工作,找出你的兴趣、你的动力,找出你的渴望,唯有这些元素才能驱动你的热情,不畏挑战,全力以赴。时间到最后会反馈给你一个丰富而不悔的人生。

不受所学限制

> 凡走过必留下痕迹,你曾经把握过的任
> 何机会及努力,未来都会在适当的时刻回馈
> 给你。

我五专念的是观光科,大学念的是中文系,工作后才修硕士,念的是企业管理,第一份工作是计算机公司,最后却一脚踩进了不相关的传播领域至今。在一次与全国大学生的高峰论坛中,我被问到念中文系及文学院的毕业生如何找出路。在一片茫然的眼神中,我举自己的案例鼓励学子们。由于当时中文系的出路极窄,置之死地而后生的想法反而让我海阔天空,没有被所学所限,走出了自己的无限可能。

曾经在漫画中看到的一段话:"学校教我们做人处世的道理、广泛的知识、良好的品德,但是社会却教我们忘记学校所教的。"此

话一半玩笑，一半倒是真的。年轻时我们的社会历练是一张白纸，学校教的多以理论为主，很难进入实际生活的应用，有时有听没有懂，直到出了社会以后才发现学校教的无法解决我们在社会上所遇到的问题。社会给我们的功课远比学校学的困难、复杂而且没有标准答案。所以我的经验是先忘掉学校所学的，当我们在社会学的历练到一段落后，学校所学的就会慢慢回来与生活经验联结在一起，成为真正理论与实际相融合的学问。

年轻的时候最喜欢暑假打工。我做过许多有趣的工作，譬如卖"学生之音"的唱片、当英文家教、从事电影配音工作、电影编剧、当场记、到咖啡店煮咖啡、到旅行社做票务、到餐厅唱民歌……每一件事对我而言都充满着惊喜。虽然这些与我念的科系都不相关，但都帮助我更认识自己。那个时候，我真的不知道未来想从事什么行业，也不知道我的能力在哪里，只是尽量地去尝试、去开发。一直到现在，我都相信那些是促成我变成今天的自己的种子。像有一根引线，把以前觉得不相关的过去与现在，都串联在了一起。比如企业管理方面的训练，帮助我管理经营公司；中文系的训练，帮助我用更精准的文字能力写企划案、新闻稿；观光科的学习，让我与他人交谈事情时，能以更广泛的视野交换意见。而那些打工时的经验，都成为我现在闲暇时一种很好的平衡与兴趣。凡走过必留下痕迹，你曾经把握过的任何机会及努力，未来都会在适当的时刻回馈给你。

演讲结束后我不知道我的答案有没有解所有人的疑惑，但是

　　我只愿那些犹豫彷徨的学子不要拘泥所学的科系，勇敢地去冒险，抓住每一个到你面前的机会，尽情表现。人生风景的精彩就在于"经验"。

知识　见识　胆识

　　知识是工作的基本养分,有了知识,专业
才有所依靠;见识是眼界的展开,有了见识,
经验的累积与格局才有往上的空间;胆识是
冒险与勇气的展现,也是机会莅临的重大
契机。

　　创业这件事情,从来就不在我人生计划里。当时误打误撞地
开立了公司,没有想太多,就一头栽进了这个浪漫的陷阱。但一路
走来,才知自己才疏学浅,需要学习的东西太多了。还好老天爷保
佑,太多有惊无险的过程都已成为人生的插曲;事后想想,真替自
己捏把冷汗,因为好几次公司都可能因此关门大吉。

　　敢于尝试是我的个性特点,一旦有了想法,就会快快地行动,
不想太多。一时有错,也是边做边修正、边调整。虽然也有所学

习,但这样累积来的经验其实只是"游击战"的做法,到底怎么成功、怎么失败,都只是一种机缘巧合或凭直觉的结果。由于这种经验无法累积成为一种知识或机制而被传承下去,走到后来,知识的落差竟成为我维系公司永续发展最大的绊脚石。

创业初期,曾有一位知名外商的亚太区美国籍总裁来台,与我面试并洽谈合约的可能性。谈完之后,他要我拿出基本合约给他参考,我说今天并没有准备。他很讶异地说:"如果我说等会儿要赶飞机,你不是失去一次与我签约的机会?因为我可能会改变心意。"他告诫我,每一次与客户碰面,都要做最充足的准备。他今天愿意与我合作,并不是因为我特别专业,而只是有其他方面的考虑……当下,我有如遭到当头棒喝。

一位前辈看着我一路冲冲撞撞,好心地告诉我:在社会上做事,一定要具备知识、见识与胆识,才能有所成就。知识是工作的基本养分,有了知识,专业才有所依靠;见识是眼界的展开,有了见识,经验的累积与格局才有往上的空间;胆识是冒险与勇气的展现,也是机会莅临的重大契机。

这位前辈说,大部分的人总是先具备知识,再拥有见识,最后才能获得胆识,去做困难的决定;而我却颠倒过来了——先有胆识,再有见识,最后才补足知识。在创业的历程上,这似乎很令人捏把冷汗。难怪以前我说服客户时,在理论基础上总是觉得有点虚。

我知道,要经营一家公司,绝不是靠自己这种花拳绣腿就可以驰骋江湖的；唯有扎实的功夫、专业的知识、加上公司的品牌，才能立足市场，取得客户信任。因此这十多年来，对知识的渴望与追求成为我一直努力的目标。但知识是如此博大精深，如何去芜存菁，吸收日月精华让自己功力大增，似乎也没有快捷方式。因此我定出"内圣"与"外王"两项策略。

"内圣"是从自身做起，积极地阅读群书。在初期，任何企管、经营、策略、公关、品牌、愿景的书籍，我都不放过；而到后期，反而是文学、哲学、易经、艺术、美学的书籍成为我的最爱。有时非专业性的阅读，在观念上带给我的帮助更多。最重要的是，我养成的读书习惯变成了一种积累知识的快乐嗜好，我从中得到了快乐的成长。

但内圣之道毕竟太缓慢，无法及时支持公司的成长。于是我的"外王"策略就是将公司的利益与他人分享，最终加入全球传播业最重知识的奥美集团，得以分享全球最新的工具、知识，进而提升公司员工的专业质量。借力使力，令公司从有限的资源中得到最大的助力。

知识、见识与胆识，是修身与工作很重要的三项利器。我现在的体会是，从哪里开始都不是问题，最重要的是万流归宗。一旦"三识"补齐，人就有了力量，而且是扎实的力量。

用纪律换取更多自由

　　自己当老板好像没人管,但是没人管就
比较轻松吗? 企业经营真的可以随心所欲吗?
答案显然没有这么乐观。

　　多年前,在我把公司并购给奥美集团之后,很多人朋友笑我不
值得,他们的论调是年过 40 以后,应该生活越来越自在、随心所
欲,干嘛没事找个老板来管自己? 尤其很多人觉得,在外资公司工
作缚手缚脚,没有自主权,什么都要总部批准,简直没自由可言。

　　话似乎说得没错,自己当老板好像没人管,但是没人管就比较
轻松吗? 企业经营真的可以随心所欲吗? 答案显然没有这么乐观。

　　我的心得是,任何组织或企业的经营都要有一个系统架构,在
这个大框架下,我越符合游戏规则,就越能随心所欲。事实上,在
奥美集团并购我的公司以后,我见识到跨国公司如何管理全球分

公司财务的纪律与预算控管的能力,可以说大开眼界。在总公司的辅导之下,我们几乎每年预估来年的营收与获利时,都可以非常精准,不会有太大的差距。这在我创业期间自己做财务管理时,是无法想象与做到的。

因为我自己做老板时非常地随性——今天多接到新生意,就多发一些奖金,多办一些员工活动;加薪呢,只要大家高兴就好,完全没有预算的概念。所以到年底到底会赚多少钱,完全凭老天爷的恩赐,自己从来没有预估准确,只是直觉预知"应该会赚钱"就好了。到后来,我才知道当时会赚钱还真是运气,绝不是能力。

但这几年在跨国公司的训练之下,我已经很清楚财务报表的每个数字的真正意义,以及预算精准的重要性。我知道把政经情势、景气指标以及今年表现当作基准点考虑进去,计算出明年的营收与获利状况,并且做成长的计划。倘若计划要成长20%,那我就得想哪个市场或哪个领域可以增加新生意?要用什么赢的策略?现有的人力够不够?应该要延揽什么样的人才?因应成长该要做什么投资?有什么风险?现有的生意明年可以有几成把握?多出来的生意减掉花费或投资,应该要有多少转成获利?……像这些因素都要精细地计算之后,有其逻辑性,计划才会被批准。批准以后,每个月、每一季都会作差异分析及评估,提醒我们管理者如何做业务的修正。就这样几年下来,我的预估结果几乎没有意外,让我在经营生意时更笃定。我十分清楚自己的优势与劣势,知道什么时候该加码或等待,知道如何规避风险,这是我一辈子最宝贵的经验。

　　我知道有一些高阶人员觉得，外商公司用这样的财务制度来控制当地经理人，实在是过分且啰嗦。但换个角度想，外商公司若没有这样的制度，如何去管理全球几百个分公司？又如何能授权当地经理人经营业务？我觉得，只要把财务的纪律管理好，符合总公司的期望，我反而获得了前所未有的自由——包括人事自由、业务自由、管理自由；况且跨国企业所提供的网络、舞台、视野、教育训练，更是金钱换不到的，也是个人成长所企盼追求的机会。所以何需作茧自缚、怨东怨西呢？

　　我常笑说，以前自己做老板的时候只能收别人的辞呈，其实有点郁闷的，现在有一个老板可以递辞呈其实是再也幸福不过的事。用纪律换取更大的自由，这是我在外商公司的体会。

判断　比较　放大

　　我们要让心打开、不酿成大错，就得时时
警惕自己不要让头脑时时运作"判断、比较、
放大"这三个功能。学习警惕这三件事，是一
辈子的功课。

　　人之所以不快乐，大多是受到头脑的制约。其实只要念头一
转，快乐就会跟随而来。但偏偏头脑最会做的三件事就是：判断、
比较、放大——先入为主的判断，跟别人比较，把负面的或自己的
委屈放大。也是因为这三件事在脑子中不断地演练、运作，人就变
得心胸狭隘，不快乐。

　　之前，香港亚太区希望我派一位员工去受训。当时有三位都非
常恰当的候选人，但由于名额有限，于是我决定，先派当时工作上最
需要训练的一位去。另一位经理就非常地介意，直问为什么不是他。

尽管主管跟他解释再三,并表示下一次还有机会,但他还是耿耿于怀,久久无法放下。于是,他被头脑中这三方面的制约扰乱了:

第一,他马上下了"老板偏心"的判断;

第二,他开始比较"为什么是他而不是我? 他哪里比我强?";

最后,放大自己的委屈:"公司真的太不公平了,无视我的努力,太过分了,所以我决定要……"

这就是我所谓头脑在运作着的"判断、比较和放大"这三件事,让人越想越委屈,越来越不快乐,甚至作了错误的决定。

前一阵子,有一位跟我借钱很久没还的旧同事找我。我心里想起这件事顿时不舒服,心想找我一定也没什么好事,因此不想回电。后来又一转念,提醒自己不可先下判断,才回了邮件给他。原来他是想介绍一位潜在客户给我。后来,这位客户也变成了我公司的重要客户之一。这件事也让我警惕,头脑总是会根据以前的经验,下错判断。

记得电影《唐山大地震》中,片中那个女儿就是因为在地震发生时发现妈妈先救了弟弟,于是一辈子耿耿于怀。她不但一直无法原谅妈妈,觉得妈妈偏心,而且放大妈妈的不公平,这个阴影跟着她也影响她的婚姻,一直到最后看到弟弟的残废与努力,体会到妈妈的无奈与自责,才了解母爱的伟大。其实,她也是头脑的先入为主判断(妈妈偏心)、比较(跟弟弟比较)以及放大(越想越委屈)所形成的悲苦,让自己的心禁锢了数十年不快乐。

我们要让心打开,不酿成大错,就得时时警惕自己不要让头脑时时运作这三个功能。学习放下,才能得到快乐的钥匙。学习警惕这三件事,是一辈子的功课。

时机比时间重要

> 当氛围不对、阻碍重重、付出代价大、旁
> 人意见多的时候,绝对不是好时机。这时候
> 能做的,就是等。

俗话说,来得早不如来得巧,真是一点也不错。在人生经历中,有很多事也印证了这样的结果。有些事与其着急,还不如等到适当的时机临门一脚,其效力远大于出手时间不对而导致的功亏一篑。所以,时机比时间重要。

我们的迷思通常是,等久了就应该是我们的。从逻辑上讲,这样是比较公平的,但现实生活却偏偏不是。最明显的例子就是找停车位的经验。早到的绕了半天找不到车位,还不如后面一辆来得恰恰好,刚好卡到一辆车正好开走的绝佳时机。你在那边干瞪眼,大喊不公平又有何用?

165

　　我虽说过,在职场上,戏棚下站久了就是你的,但这也并不能保证。等待时间久的、或是花最多时间努力的人,不一定就是最终的胜利者,这就是人生。爱情就是这种现象最吊诡的证明。你最爱的、爱最久的,都不见得会修成正果,反而是那个在你最想结婚的时间适当出现的人,最有机会结成伴侣。李宗盛的一首歌中歌词写得好:"想得却不可得,你奈人生何?"讲的就是这种意境。时机不对,硬要得,落得伤痕累累,付出的代价必定不小。

　　也许你要问,什么才是最好时机? 问得好,我也不知道。但我知道的是,当氛围不对、阻碍重重、付出代价大、旁人意见多的时候,绝对不是好时机。这时候能做的,就是等。足球运动员在进攻时寻找射门的时机点,也是找阻力小、旁人少、角度佳、距离近的时机,成功几率才高。而我们等升迁,也是要等到刚好组织有需要、有空缺,而你就是那个众人心中呼之欲出的人,才是水到渠成的最佳时刻,硬争也争不来。

　　好时机也许包含点运气。一位业界的友人在他的职位上等了五年都升不了官,因为他的顶头上司卡着没走。就在他觉得遥遥无期而提出辞呈的两个月后,组织大地震,他的顶头上司们全被换掉,原先那个位置被一位他的下属惊喜地坐上了。他直呼"走不逢时",但也只能怪运气不好了。

　　在这种状况之下,到底该等不该等? 我的哲学一向是:不用等。值得等的,总有一天等得到;错过的,不用回头,下一个机会也许会更好;还没到的,急不得。听听心的声音,它会告诉你什么是最佳时机。

何苦为双袜子买双鞋？

当初贪小便宜买了"袜子"，发现不合穿
时就要壮士断腕，勇敢地放下，不要让它成为
心里的疙瘩，反而拖累更多的资源。

一位友人曾和我分享过他的一个小经历。有一天他想买双袜
子，路过百货公司看到商家在促销红袜子，买二送一。他一时心喜
就买了三双，回家以后却发现整个鞋柜竟然没有一双鞋可以配这
红袜子。于是这三双袜子变得越来越碍眼，天天看到却不能穿，实
在难过。过了几天，他决定再去百货公司买一双鞋来搭配这几双
袜子。结果买袜子才花三百元，鞋子却花了八千元。

其实，我们人生中不也经常这样？原本只是想要 A，却花了大
钱买了不需要的 B 或 C。

我个人的一些投资经验也是如此。一开始草创企业的朋友，

需要的投资金额都不高,因此我提高投资额以取得多数的股份,以为赚的时候可以分更多获利。但往往,新事业成功的几率并不高,大都碰到不赚钱的状况。接着,就面临该不该增资的问题了。增资的话,当初以为是"小额"的投资,马上要加码更多才能维持原有股份;不增资的话,前面的投资就付诸流水了。这时到底该买"鞋子"来成就"袜子",还是该把"袜子"丢了认赔了事,就变成了两难的挣扎……

还有一次,我的一位客户答应赞助一个公益活动。原本只是单纯的捐赠产品而已;但是由于主办单位邀请大牌艺人来站台,一时有了新闻点,主办单位希望赞助单位一起造势开记者会,并增加各项活动。于是客户就随着主办单位的需求,增加了许多媒体赞助的金额,原本大约50万左右金额的捐赠,却因造势多了200万元的预算。虽然事后多了媒体的曝光,但是几乎都集中于这位艺人的新闻及造势。事后检讨起来,其实整个活动似乎是在帮艺人和主办单位"抬轿子",公司本身的讯息并没有好好地被规划,可说是多花了冤枉钱。

这些教训时常出现在我们的人生经历中,当初以为占了便宜,而在以后的岁月都会找机会回来索讨。所以我们在作每项重要的决定时,都要抱着平常心。当初贪小便宜买了"袜子",发现不合穿时就要壮士断腕,勇敢地放下,不要让它成为心里的疙瘩,反而拖累更多的资源。

　　因小失大，都是来自于自己贪念。要去掉贪念，就得先学会
"止血"——要看得见自己原本的荒谬，痛下决心划下休止符，避免
越错越离谱。

懂得休息才懂得工作

> 休息不等于玩乐或停滞,而且休息也可以在工作中完成。有时候听一首歌、看一本书、走一段路,让脑子放空,都是一种休息。

以前父母那一代总是教我们要努力工作,否则没饭吃。现在的人不会没饭吃,倒是会过劳死。时代变了,工作固然重要,但是要保证自己的健康,就一定要先懂得休息才行。懂得休息的人生,才会工作得有效率、有乐趣,并且更珍惜工作带来的丰富与成长。

我有位朋友,好不容易开了一间咖啡店,作为自己圆梦的计划,却因为终日无休、战战兢兢搞得疲惫不堪,渐渐失去了创业的热情。另一位做进出口贸易的朋友,每天只进办公室两三个小时,生意却蒸蒸日上,人也容光焕发。这其间的差别,就在于懂不懂得休息。前者死守着生意不敢怠慢,却越来越不快乐;后者懂得调适自己的生活步调，不让事情缠身，只作重要决策，让部属有发挥的空间，生意反而好转。

休息不等于玩乐或停滞，而且休息也可以在工作中完成。有时候听一首歌、看一本书、走一段路，让脑子放空，都是一种休息。休息不在于时间的长短，在于心境的调适与身体的放松。有的人在旅行回来后反而觉得更累，而有的人工作忙碌却仍觉得愉快。王永庆的一生与工作划上等号，或许有人觉得他太操劳，但养生与运动却是他另类的休息方式，也是他享受工作的秘诀。

大前研一在《OFF 学》一书中提出：会玩才会成功。他现身说法，讲述自己如何在忙碌的工作、家庭生活及亲子关系间做到均衡之余，还能到处耍帅地"OFF"。其主旨就是学会休闲，反而更能有效率的工作。

我自己在创业十几年后，渐渐地转换角色，退居团队第二线。虽然没有在第一线上冲锋陷阵，但是贡献依然存在，只是换个形式呈现而已。现在辅佐新一代的主管在舞台上尽情发挥，反而带给我最大的成就感。因为退到第二线，我也得到更多的身心平衡与休息，各种兴趣与休闲活动，变成支撑我持续工作的动力。现在的我，乐在工作，也乐在生活。让员工们受到一位快乐有活力的老板的感染，应该也是我的另一种贡献吧。

揣摩上意坏大事

> 要杜绝揣摩上意，就请老板们尽量不要管小事，不要随意表示自身的喜好，更不要中途介入专业的评断，让专业的团队作出最好的建议。

在职场上经常遇到揣摩上意的人。不论职位高低、不管性别年龄，这样的病情古今皆有。企业越大、部门越多、老板越强势，这样的几率就越高。为什么要揣摩上意？因为大权落在老板一人身上，君威难测。

做我们这一行的，看到很多客户承办人员，最在意的是博得大老板的欢心与否；评断案子成不成功，全看大老板高不高兴。经常出现的场景是，在规划时期他们还会坚持市场需求与目标设定，但中途只要老板无心的一句话，承办人就要求代理商把定案的企划推翻重来，或是硬塞一个与主题不搭嘎的桥段来满足老板的喜好，却没有胆量去说服老板坚持原来的好创意。于是，初始目标与当初的规划不同也就没人理了；他们还会因为猜中老板的心意而得到赞赏，飘飘然就像飞上青天一样。

曾经有一家企业要做一场产品发表会。因为承办人揣摩老板喜欢名人代言，硬要我们找某名人来当主持人。我们建议不需要，且作了风险分析，但是承办人坚持，结果就是主持人抢了产品的风采，新闻里的产品消息就被稀释掉了。然而承办人看到老板高兴的眼神，更觉得自己做对了。可想见，这家公司的员工未来也不会去思考什么才对公司最好，而是什么是老板喜欢的。

有什么样的老板就会有什么样的企业文化。凡是喜欢表达意见的老板，只会训练出两种属下，一种是逢迎拍马，一种是揣摩上意。因为君威难测，所以更要测，测准了就像中乐透一样。得君主欢心，以后升官发财一路发。这就是为什么揣摩上意这么兴盛。其实到最后，下属猜出来的不见得是你最喜欢的，而你喜欢的也不见得是对公司最好的，所以何必呢？

而要杜绝此风，就请老板们尽量不要管小事，不要随意表示自身的喜好，更不要中途介入专业的评断，让专业的团队作出最好的建议。

其实，组织权责越分明、操作系统越透明化以及老板越能授权的企业，越不会有此现象。一切照制度行事，下属知道自己的权限与责任，老板尊重专业、不乱出主意，反而造就有能力的下属，以及自我学习型的组织。

聪明的老板通常会明白,人性就是如此,只要老板喜欢,事情就会往他的个人喜好上发展。所以老板英明,拿捏分寸就在一念之间!

认输才懂赢

认输，就是累积下一次赢的能量；认了输，才会好好反省自己犯的错误，思考还有哪些改进的空间；认了输，也才会学到一山还有一山高，虚心看到别人的好，认识到自己的渺小。

在职场或人生的舞台上大家都喜欢赢，没有人喜欢输。但是现实生活中，我们不可能事事都赢。因此如何看待输赢，就变成了一个人重要素质的一部分。太在意输赢的人，心情的落差就很大，容易患得患失。赢的时候太欢天喜地，输的时候就容易垂头丧气；同样，在输的时候意志消沉，就会在赢的时候过度乐观，乐极生悲。这种对待输赢结果起伏过大的人，其实不是件健康的事。

美国著名影星哈莉·贝瑞（Halle Berry）在 2005 年奥斯卡颁

奖前夕拿到"金酸莓奖",所谓的"最烂女主角奖"①。但是她不仅不以为意,还亲自去领奖,致辞说:"从小我的妈妈就告诉我,想赢,要先认输。输了就是输了,一个经不起失败的人,也没有权利接受真正的成功。"是的,不能当个好输家,就不能成个好赢家。先认输,是想当赢家该学习的第一步。学了《易经》之后,我知道人生的得失并不是一时就定夺,有时短多长空,有时短空长多。当时看是输,时间拉长看时,变成是一种幸运;当时是赢的,后来却变成了负担。

我的一位朋友当年因为被资遣失业,数度被职场拒绝后,只好选择创业。没想到无心插柳柳成荫,今天已是一家规模不小的电子业经销商。而相反的例子在 2002 年,一位美国人惠塔克中了威力球乐透头彩,是当时的最高奖金,但他万万没想到竟从此走入悲剧,失去所有朋友,数百件官司缠身,连心爱的外孙女都死于非命……因此,学会看淡输赢是一种气度。难怪古人说:"胜不骄、败不馁。"言下之意,要我们视输赢为一种常态:有输就有赢,这次输了,下次赢回来,没什么了不起。认输,就是累积下一次赢的能量;认了输,才会好好反省自己犯的错误,思考还有哪些改进的空间;认了输,也才会学到一山还有一山高,虚心看到别人的好,认识到自己的渺小。就怕不认输或输不起的人,跌了一跤爬不起来,才是真正的输者。

---

① 贝瑞因《猫女》(*Catwoman*)里的主角"猫女"而得"金酸莓奖"。——编者注

保持住热情

> 戴维·奥格威说过，辛勤工作不会置人
> 于死地，只有对工作失去了目标才会令人丧
> 失心志。你为什么待在这个行业？一定有你
> 的原因。

亮眼的公关业，却将年轻人的热情迅速燃烧殆尽——究竟是哪里出了问题？

这样的情节反复地在这几年发生。大环境不好的时候，频率更是提高，那就是签离职函签到手软。有时候我怀疑到底是这个年代出了问题？还是这个年代的人出了问题？

离职的原因包罗万象，但最让我难过的是员工因为无法承担压力，导致身体出了问题，只好离职以求身体的健康。而这些人有大部分都是二十多岁的年轻人。其实在恳谈之下，多数人仍然对

这份工作有着热爱,但是由于工时长、压力大,工作瓶颈无法突破,因此进而影响到身体。在这种状况之下,家人的反对成为离职最有力的理由。碰到这种状况通常都不挽留,因为讯息非常清楚。

我碰过一个令人难过的案例:一位员工的父亲在过世之前的遗言是,交代该员工一定要离开这个产业。为这件事让我心痛并且自责不已。心想是这个行业出了什么问题,竟然令员工的家人视之为洪水猛兽?

我们这个行业是一个"劳心"、"劳力"又"劳情"的行业。工时长、压力大,劳心、劳力是必然的,但劳情才是真正耗尽我们能量的最大原因。"情"字无价,但做这一行,若没有把热情放进去,爱客户、爱产品,就难做出好的作品或成果。这件事知易行难,因为最不能勉强的,其实就是我们的"心"与"情"啊!

我们现在的日子的确是辛苦的——经济边缘化、竞争激烈、薄利时代,把大家压得喘不过气。因此这些人大多承担着超过他们可以承担的压力,于是有人"阵亡"了、有人退缩了、有人另寻舞台、但也有人冲过去,成就了另一个新的自我。

每个人可以承担的重量不一样,每个人也有自己的选择。认清自己,勇敢地面对自己才是最重要的。有些关卡是自己的瓶颈所致,现在过不去,未来还是会再来找你,直到你克服它为止。既然选择这个行业,就要了解它的特性,然后想办法拥抱它,但不要被它灼伤。

戴维·奥格威说过,辛勤工作不会置人于死地,只有对工作失去了目标才会令人丧失心志。你为什么待在这个行业？一定有你的原因。难道不知道这个行业是辛苦的吗？你看得到愿景吗？你有没有从中获得过喜悦或成就感？如果答案是否定的，请你快离开反而是对的。

认清我们的行业，准备好心态，以一种平衡的姿态去面对它。在此，与业内的同好共勉，除了工作全力以赴外，一定还要有属于自己的兴趣、朋友或娱乐，分配好时间，这样才是一个智慧的人生。留点力气爱自己，才有能力去爱别人，路才走得远。

先爱自己，才能爱别人

> 爱自己就是关照自己的内心，倾听自己的需求。先满足自己、完成自己，才能充满正面能量去照顾别人。这才是爱别人的表现啊！

这年头，上班族的压力指数太大了。小到病痛上身，大到跳楼、自杀、他杀的悲惨故事一再发生。这些人不是工作量太大不知如何纾解，就是忽视自己身体的警讯，以为撑过一时就没事，却不知这些压力所带来的副作用，其代价有时连我们自己都讶异。我曾看到关中①的女儿关云娣的自杀事件，不胜唏嘘！人真的要先爱自己，珍惜拥有的一切，才能面对生命的无常。

---

① 关中：台湾考试机构负责人。——编者注

身体虽是个"臭皮囊",但却也是维持我们生命的最重要的接口。没有健康,就没有基本的快乐。我们有太多想要做的事,都有赖于这个"臭皮囊"的运作。对它好,我们才有能量去享受、去快乐、去梦想。年轻的时候,好像有挥霍不完的体力或精力,觉得身体或健康根本不是问题,于是过度使用它。等到年长的时候,才发现我们身不由己、力不从心,想做的事不能做,是多么令人扼腕的事。

先爱自己再爱别人,不是自私,反而是负责任的态度。我们身边有多少连自己都照顾不好的人,带给周遭亲朋好友多少困扰或担心。飞机紧急状况教学守则上,不是教导为人父母的,要先自己戴好氧气罩,才能帮小孩戴吗?就是这个道理。倘若一个人连自己都无力关照,如何去照顾别人?因此,把自己活好,不带给别人负担,才有能力照顾所爱的人。

自从有此体会之后,我对很多事都会量力而为。年纪越长,熬夜的工作尽量不做;做不到的事不逞强,做不完的事请别人做,不擅长的事也请别人做,而自己只做有价值、有兴趣的事。譬如我不是一位巨细靡遗的管理者,管理上不免松散,因此我寻找求纪律、高效率的总经理来与我配合。结果我的工作减少了,但公司营运更好了。这样,我就可以对时间作有效的运用,生活也游刃有余,不再忙得像个陀螺。

爱自己就是关照自己的内心,倾听自己的需求。先满足自己、完成自己,才能充满正面能量去照顾别人。这才是爱别人的表现啊!

先拥有再放下

> 如果你一无所有,叫你"放下"绝对容易,因为你没有损失;而如果你真正拥有,叫你"放下"一定很难。此时若能选择"放下",才是真正的"放下"。在教人放下之前,应先教人拥有。

前些日子有个非常年轻的员工提辞呈,其实她才工作没半年。我在走廊上碰到她就聊了一下,问她未来想做什么。她表示想先"放下",工作压力太大,她打算先去游学。

这些话,如果是一个年过半百的人告诉我的话,我会很赞同;但是听到一个二十郎当岁、都还没有开始经历人生的年轻人告诉我这些话,总觉得她有点少年老成。其实我想跟她说:"放下之前,先学习拥有吧!"

也许是坊间太多书都在呼吁大家学习"放下"——放下心中的欲求、放下对富贵名利的追求，回归自我。这对于工作超过二三十年的资深工作者，是很好的修炼；但是对时下的很多年轻人却不见得是好建议。因为年轻人很容易误解其中的意涵。他们在这个年纪很难真正了解"放下"的人生哲学，以为"放下"就是看淡人间名利或有形的一切，因此一旦遇到挫折，很容易就选择放弃，放弃工作、放弃压力、也放弃了责任。"放下"让她们找到很好的借口与出口，当下决定出国游学，或退回家里让父母养。他们觉得人生苦短、享乐为重，及时"放下"，不必为五斗米折腰。讲得振振有词，却是一种逃避。

有一个故事相信大家都听过：两个小孩在一起玩耍，女孩问男孩，如果你有一栋房子，会不会给我一栋？男孩说会。女孩再问男孩，如果你有一辆车子会不会送我一辆？男孩也说会。最后女孩看男孩手上那一袋苹果说，如果你有两颗苹果，会不会分我一颗？男孩马上将苹果袋藏到身后说："不会。"女孩不解，问为什么？男孩说，因为我真的有两个苹果。这个故事告诉我们，如果你一无所有，叫你"放下"绝对容易，因为你没有损失；而如果你真正拥有，叫你"放下"一定很难。而此时若能选择"放下"，才是真正的"放下"。所以我觉得在教人放下之前，应先教人拥有。

拥有，是一种真实的体验。拥有，让我们感觉充实与实际，也是一种"完成"的过程。拥有工作、学业、婚姻、儿女，或者拥有责任、快乐、赞美，甚或拥有挫折、苦难，这些都是人生必经或值得经历的旅程与试炼。越是承受过这些历练,人生就越完整。这时候学习"放下",可能才有真正的体会。

我有一个朋友,年轻时曾经许愿希望一生平顺幸福。原本她以为这是个微不足道的愿望呢,年届五十时,才体悟到这个愿望实在太大了。人生要能无忧无惧、无风无浪,谈何容易啊!倒不如"入世"一点,到人间来折腾一番,练就一身抗压的工夫,可以遇风不惧、遇浪不怕,不是更实际一点吗?

股神巴菲特的金钱观,才是真正的"放下"。他在成为首富之后,还是住他的老房子,开着他的旧车,一如既往地过自己原来的日子,不会因为金钱的多寡影响到他的欲念或生活方式。别人觉得奇怪,他却甘之如饴,把大部分的财产捐给基金会。

已过世的台湾经营之神王永庆也有这份精神,但他们在企业经营方面还是非常犀利与独到的。获利亮眼,再去照亮别人,让更多的人受益。

"拥有"与"放下",是否应该有个优先顺序呢?

再忙还是要充实自己

> 我们不应该只挤压时间给工作，也应该适度地"挤压"时间给自己的健康和学习。不要把学习的事永远摆在最后，它不紧急但是很重要。

现代上班族的缩影就是忙、忙、忙。企业为了效率，架构越来越精简，能外包的就外包，员工一个人当两个人用，很多上班族都处在一个焦虑的状态。忙忙忙也茫茫茫，每天上班、下班，挤公交车、挤地铁，回到家已经累得瘫在沙发上，日复一日，没时间思考，好多事想做，却又力不从心。想运动，懒得动，想上课，没时间。

"时间就像女人的事业线，挤一挤就有了"，这虽是句玩笑话，却很有道理。很忙却没时间去做想做的事，第一个要打败的就是自己的惰性。像我也一样，有时候懒起来，连起身倒个水给自己都不想,只想赖在沙发里,更甭说去运动了。于是我常提醒自己,越忙越要做好时间管理,不能让忙剥夺了学习成长的机会。

身体累,通常休息个一两天体力就会回来,但是身心疲累就比较严重。此时反而要给自己寻求出口以及新的能量,才能接受新的挑战。懒是动能的阻力,觉得运动随时都可以,上课也随时都可以,所以就不急于一时,拖久了就不想了。所以我的方法是在自己念头起来的时候,花钱给自己压力,譬如想运动就交钱上健身房,上健身房也有惰性就找健身教练,因为约了时间就不得不去。譬如报名参加了课程,心想不去就浪费钱,所以也就开始行动了。一旦行动,事情就会有所改变。刚开始可能很困难,一旦养成习惯后,也就没那么辛苦了。

我的时间表由秘书帮我安排,正常情况两个小时为单位来安排行程,真的忙起来可能变成一个小时,甚或半个小时为一单位切割,一天能处理很多不同的事情。我有一次跟一家跨国企业的经理聊天,他说他们主管们的时间表以及会议时间也都是以半小时来安排的,可见现在人的行程越来越满。我们不应该只挤压时间给工作,也应该适度"挤压"时间给自己的健康和学习。不要把学习的事永远摆在最后,它不紧急但是很重要。

惰性永远是阻碍我们进步的杀手。忙绝不是问题,在我身边,越忙的人越有时间,因为时间对他们而言是最不能浪费的资源,所以他们会把时间做最有效率的安排,而且不断地学习成长。成功的人身上总是有一些好习惯,像我们集团有一位长官每天清晨跑步，风雨无阻，数十年如一日，再忙他都能完成。用纪律克服自己的惰性不是件简单的事，但是只要开个头就会不同。

新的一年要不要挤一点时间，学一样新玩意呢？

持续的力量

俗语说:"戏棚下站久了,位置就是你的。"其实多少有一点道理,只怕大部分的年轻人怕等、怕站。没耐性的人总是遇到困境就逃避或跳槽,缺乏坚持的力量。

演讲的时候经常会被问到,我为什么可以在这个产业待这么久? 为什么可以这样成功? 成功的定义每个人皆不同,因为还在奋斗的阶段,我从不觉得自己成功,但在别人眼中却好像到达一个他们想追求的境界。因此很多人很想知道为什么我可以到达这里。

年轻时我的功课不出色,总是忙自己课外的事物,以至于教授们对我的印象也不特别,但我只换过两个工作,而这两个工作都跟我的兴趣——传播企划有关,既然聪明不是我胜出的原因,那像跑马拉松般持续的力量一定是让我走到这里的重要原因。

这种力量潜移默化的结果，在近几年来越来越发展成为我整体专业的一部分，分不清楚是知识还是经验得来的。也不知道为什么现在遇到客户任何的疑难杂症，总能冷静地厘出一个方向，一步一步解决，不似年轻时那么慌张心虚。这些其实都是累积与持续的力量所致。二十多年来，处理过的案例多了，各式各样的问题自然就已经碰过了，因此不再陌生、不再害怕，信心自然增加，就像开过 10 次刀的医生跟开过 100 次刀的医生临床经验一定不一样，后者的经验与成功的把握度自然会提高。

俗语说："戏棚下站久了，位置就是你的。"其实多少有一点道理，只怕大部分的年轻人怕等、怕站。没耐性的人总是遇到困境就逃避或跳槽，缺乏坚持的力量。这种不稳定的状态，老板看了当然怕。因此在机会来临的时候，老板看一看身边的人，总是对那些"蓦然回首，那人却在灯火阑珊处"的员工特别考虑吧！除非你力有未逮。我本身也当管理者很久，有任何的机会、出缺我总是会先检视身边的干部及员工，而那些待在公司坚持走过来、贡献度高的员工总是我第一个考虑的对象。

持续的力量总会累积出数量上的价值以及专业上的价值。曾经问过一个老师傅，他怎么能将一道复杂的菜做得这么精准，每次味道都分毫不差？他说同一道菜做了十年，演练过几百次，闭上眼睛都知道要怎么做。十年上百次的演练这就是成就数量上与专业上的价值的关键因素，也就是我所谓的"持续的力量"。

不要觉得待在一家公司是很笨的行为，龟兔赛跑的故事总是应验在走大道和走捷径的两种人身上,前者初期可能薪水、升迁落后,但是一旦累积出一定的时间与能量之后,他的持续力就像故事中的乌龟一样,终究会胜过看似聪明的兔子。

后记　生命中的精灵

丁菱娟

　　我在年轻的时候写过一首歌词——《给你,呆呆!》,这开启了我这辈子最意想不到的旅程。歌虽然不是很红,年轻时候的随手拈来,却成为我人生重要的礼物之一。一直到现在,许多可爱的陌生人透过这首歌认识我;我也因为这首歌,觉得自己与众不同。

　　曾经有两个故事,让我感动与感慨万分——原来,最影响人心的还是文学、音乐和艺术,而不是生意、事业或收入。

　　有一次在一个公开演讲之后,一位中年男子走向我,问我是不是《给你,呆呆!》的作者,我回答是,于是他激动地握着我的手说感谢我当年救了他一命。从我不解的眼神中他继续说,当年在金门当兵时,女友提出了分手,他万念俱灰,又无法返台解决问题,想携枪械把自己作个了结或是逃离把对方给一起枪毙。后来在睡前听收音机正在播放这首歌,他从歌词中洗涤自己,慢慢地沉淀下来,放弃了那些可怕的念头。

另外一个故事是一位朋友告诉我的,她的一对夫妻档朋友当年就是因为这首歌而相识、相恋。前一阵子,当这位先生往生时,他的葬礼上放的就是这首歌曲,令在场的人非常感伤与怀念。这首歌带给他们无限的追思,抚慰他们的心灵。

我曾以为,最能影响人类的,应该是那些做大事的政治家或企业家,因此自认为拥有事业,可以照顾很多员工,就是一件很伟大的事。于是最后选择了创业这条路,觉得比较符合正道,以及父母的期待。而搞音乐或是艺术,在当时总显得"不务正业"。没想到多年后,真正有影响力并深植人心的,正是这些所谓的"旁门左道"。而自己所得意的那份事业,真正照顾到的其实也只有少数的员工家庭。而且,企业只能照顾到人的生计,却很难照顾到人的心灵。影响人心的东西,终究不会被埋没。

自己年轻时不经意写的一首歌,却无心插柳地启发、灌溉了一些迷失甚或受伤的灵魂。一度觉得不入流的事情,却在生命中留下了真正的影响力。这让我深深地反思,到底是企业家影响的人多,还是艺术家、音乐家呢?

经营企业是硬实力,艺术、音乐是软实力。或许唯有温柔的、感性的、创意的事物,才能将影响力无远弗届地延伸……

2011 年 1 月 19 日

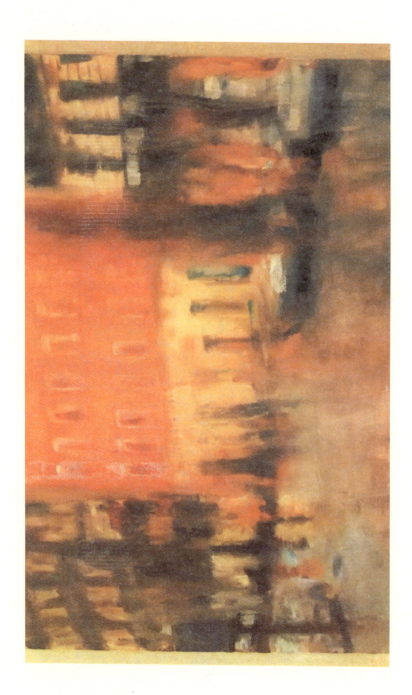

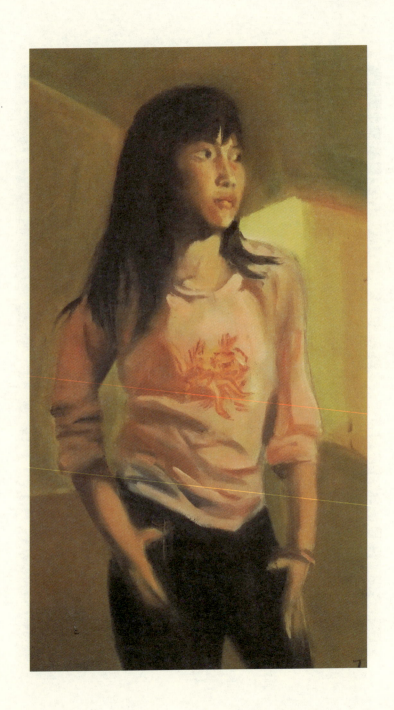

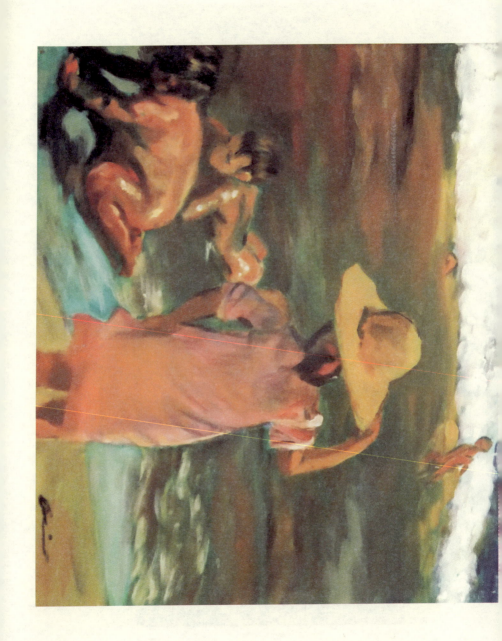

图书在版编目(CIP)数据

专业与美丽:世纪奥美公关董事长的 20 年从业哲学 /
丁菱娟著. —修订本. —杭州:浙江大学出版社,2014.11
ISBN 978-7-308-13920-5

Ⅰ.①专… Ⅱ.①丁… Ⅲ.①公共关系学
Ⅳ.①C912.3

中国版本图书馆 CIP 数据核字（2014）第 228729 号

原书名:《专业与美丽》
原作者名:丁菱娟
ⓒ丁菱娟,2011 年
本书经丁菱娟女士独家授权,限在大陆地区发行。非经书面同意,不得以任何
形式任意重制、转载。
浙江省版权局著作权合同登记图字:11-2012-173

专业与美丽（修订本）
——世纪奥美公关董事长的 20 年从业哲学

丁菱娟　著

策 划 者	蓝狮子财经出版中心	
责任编辑	曲　静	
出版发行	浙江大学出版社	
	（杭州市天目山路 148 号　邮政编码 310007）	
	（网址:http://www.zjupress.com）	
排　　版	杭州中大图文设计有限公司	
印　　刷	浙江印刷集团有限公司	
开　　本	880mm×1230mm　1/32	
印　　张	7	
字　　数	138 千	
版 印 次	2014 年 11 月第 1 版　2014 年 11 月第 1 次印刷	
书　　号	ISBN 978-7-308-13920-5	
定　　价	32.00 元	

版权所有　翻印必究　印装差错　负责调换
浙江大学出版社发行部邮购电话　(0571)88925591